PERFILES DISC EN ACCIÓN

Cuatro Rutas hacia el Bienestar Organizacional y Personal

Nathan Manzaneque

Crecimiento Empresarial

A Peter y Claire, por sus enseñanzas.

A mi madre, por su inteligencia emocional y su ejemplo de resiliencia y gestión de las emociones.

A Tara por su amistad y confianza.

Descubre los Secretos de la Efectividad y el Bienestar a Través de las Historias Inspiradoras de Cuatro Perfiles DISC. Cualquier coincidencia con personas de la vida real es pura casualidad.

CONTENIDO

INTRODUCCIÓN

¿**A**lguna vez te has preguntado por qué algunas personas parecen tener una habilidad innata para liderar, mientras que otras destacan en la comunicación o la resolución de problemas? ¿Te has preguntado cómo puedes mejorar tus relaciones personales y profesionales al comprender mejor las motivaciones y comportamientos de los demás? Si es así, estás a punto de embarcarte en un viaje apasionante hacia el autodescubrimiento y la mejora de tu bienestar organizacional, inteligencia emocional y liderazgo.

Este libro, *Perfiles DISC EN ACCIÓN: Cuatro Rutas hacia el Bienestar Organizacional y Personal* te llevará a un mundo fascinante donde cuatro personajes cobran vida y te mostrarán cómo cada uno de ellos obedece a uno de los cuatro patrones básicos de personalidad del modelo DISC: Dominancia (D), Influencia (I), Estabilidad (S) y Cumplimiento (C). A través de sus historias, exploraremos en profundidad estos patrones y descubriremos cómo influyen en sus motivaciones, su gestión emocional y sus interacciones con los demás.

El Origen del Modelo DISC

Para comprender por qué el modelo DISC es tan relevante y poderoso, es importante conocer su origen.

El modelo DISC tiene sus raíces en la psicología y ha sido desarrollado y refinado a lo largo de décadas de investigación y observación del comportamiento humano. Su nombre proviene de las iniciales de las cuatro dimensiones principales que lo componen:

- **Dominancia (D):** Representa a las personas con un estilo de personalidad orientado a la acción, la toma de decisiones y la búsqueda de resultados. Son líderes naturales que buscan el control de las situaciones.

- **Influencia (I):** Engloba a individuos sociables, extrovertidos y persuasivos. Son expertos comunicadores y disfrutan interactuando con los demás.

- **Estabilidad (S):** Incluye a personas pacientes, tranquilas y orientadas a las relaciones interpersonales. Prefieren la armonía y evitan los conflictos.

- **Cumplimiento (C):** Caracteriza a aquellos que son precisos, detallistas y orientados a los procedimientos. Siguen las reglas y buscan la precisión en su trabajo.

Aprende de los Personajes

A medida que avances en las páginas de este libro, te

sumergirás en las vidas y experiencias de nuestros cuatro personajes: Daniel, Isabel, Samuel, y Carla. Cada uno de ellos personifica uno de los perfiles DISC, y a través de sus historias, descubrirás cómo sus patrones de personalidad influyen en su enfoque de la vida y el trabajo.

Descubrirás que Daniel, con su fuerte Dominancia, se destaca en la toma de decisiones audaces y la acción rápida. Samuel con su alto puntaje en Estabilidad, aporta calma y estabilidad a su entorno. Isabel una Influencia innata, es una comunicadora nata y una motivadora excepcional. Carla con su Cumplimiento sobresaliente, se enfoca en la precisión y la atención a los detalles.

El Camino hacia el Éxito

Este libro está diseñado para brindarte una experiencia de aprendizaje divertida, inspiradora y llena de insights sobre cómo las diferencias de personalidad pueden ser un activo en lugar de un obstáculo. A medida que te adentres en las historias de nuestros personajes, te alentaré a que te sumerjas en sus vidas sin prejuicios, manteniendo una mente abierta y dispuesta a aprender.

Nuestro objetivo es que, al final de este viaje, hayas adquirido una comprensión más profunda de ti mismo y de los demás. Aprenderás cómo utilizar este conocimiento para mejorar tus relaciones, liderazgo y bienestar en todos los aspectos de tu vida.

¡Prepárate para descubrir los secretos de la personalidad y desbloquear tu potencial en el trabajo y en tu vida cotidiana! Estamos a punto de comenzar un viaje que te llevará hacia un mayor autoconocimiento, una mejor comprensión de los demás y, en última instancia, hacia el éxito en tu vida y tu carrera. ¡Bienvenido a *DISC en Acción*!

BLOQUE 1 – RED.

El estilo de conducta dominante en el modelo DISC se caracteriza por ciertas tendencias y rasgos que han sido estudiados y probados científicamente en el campo de la psicología y la neurociencia. A continuación, presentamos una visión general respaldada por datos científicos sobre este perfil:

Características del Estilo Dominante (D):

Ambición y Enfoque en Resultados: Las personas con un estilo dominante tienden a ser altamente ambiciosas y orientadas a los resultados. Estudios de psicología han demostrado que estas personas tienen una mayor activación en áreas cerebrales asociadas con la motivación y la recompensa cuando se enfrentan a desafíos y objetivos claros [Fuente: Kolling et al., 2012].

Toma de Decisiones Rápidas: Investigaciones de neurociencia han revelado que los individuos dominantes muestran una mayor activación en regiones del cerebro relacionadas con la toma de decisiones rápida, como la corteza prefrontal ventromedial [Fuente: Krain et al., 2006].

Comunicación Directa: Estudios de lenguaje corporal han

demostrado que las personas con un estilo dominante tienden a usar gestos más asertivos y un contacto visual fuerte durante la comunicación [Fuente: Pease & Pease, 2004].

Influencia y Liderazgo: La literatura en psicología social ha identificado que los individuos dominantes a menudo ocupan roles de liderazgo y tienen una mayor influencia en los grupos [Fuente: Eagly & Carli, 2007].

Cómo Comunicarse con el Estilo Dominante:

Ser Directo y Conciso: Las investigaciones en comunicación efectiva sugieren que las personas con un estilo dominante responden mejor a la comunicación directa y concisa. Evitar rodeos y enfocarse en los hechos es fundamental [Fuente: Tannen, 1995].

Respetar su Independencia: El estilo dominante valora su independencia y autonomía. Reconocer su capacidad para tomar decisiones y darles espacio para hacerlo puede ser beneficioso [Fuente: Baumeister & Leary, 1995].

Ventajas del Estilo Dominante:

Logro de Objetivos: La orientación a resultados de las personas dominantes les permite establecer y alcanzar objetivos con eficacia, lo que puede conducir al éxito en diversas áreas de la vida [Fuente: Locke & Latham, 1990].

Liderazgo Efectivo: Los individuos dominantes a menudo destacan en roles de liderazgo debido a su capacidad para tomar decisiones rápidas y liderar con determinación [Fuente: Judge et al., 2002].

Inconvenientes del Estilo Dominante:

Falta de Empatía: La orientación a resultados puede llevar a una falta de atención a las necesidades y sentimientos de los demás, lo que puede resultar en relaciones interpersonales tensas [Fuente: Baron-Cohen & Wheelwright, 2004].

Riesgo de Estrés: La constante búsqueda de objetivos y la toma de decisiones rápidas pueden aumentar los niveles de estrés en las personas dominantes [Fuente: Lazarus & Folkman, 1984].

El estilo de conducta dominante en el modelo DISC ha sido objeto de investigación científica que respalda sus características y patrones de comportamiento. Aunque presenta ventajas en términos de logro de objetivos y liderazgo, también conlleva desafíos, como la falta de empatía y el riesgo de estrés. Comprender y adaptarse a las preferencias de comunicación y comportamiento de las personas con este perfil puede mejorar significativamente las interacciones interpersonales y laborales.

Déjame que te presente a Daniel, un empresario que tiene mucho de este estilo de personalidad. Vamos a mirar a su vida por un agujerito, sin juicios, con la mente abierta, con el objetivo de entenderle un poquito mejor.

1 "EL DOMINIO ROJO: UN EMPRESARIO AL MANDO"

D aniel "El Decisivo" era un nombre reconocido en el mundo empresarial, un verdadero capitán de la industria. Su enfoque implacable en resultados y su determinación inquebrantable lo habían llevado a fundar su propia empresa de tecnología,

"SpeedTech Solutions". Desde el principio, dejó en claro que había nacido para mandar. Y le encantaba.

En una ocasión, durante una reunión de la junta directiva, Daniel estaba tan absorto en la discusión de un nuevo proyecto que accidentalmente mandó su bolígrafo a tomar vientos. Sin perder un segundo, lo atrapó en el aire con una agilidad sorprendente, sin dejar de hablar. Sus colegas lo miraron con asombro mientras continuaba con su argumento sin titubear. "Así nos las gastamos, atrapamos oportunidades al vuelo sin dejar que se nos caigan", les dijo con una sonrisa, y la sala empezó a reir la ocurrencia.

Siempre buscando la eficiencia, Daniel se ganó la reputación de ser un "jedi de la gestión del tiempo". Una vez, en una conferencia de negocios de renombre, llegó cinco minutos antes del inicio programado, solo para descubrir que el presentador anterior aún estaba hablando interminablemente.

La organización del evento le informó que tendría que recortar su ponencia en casi la mitad. El enfado le subió hasta la punta de la coronilla. Pensó "Atajo de catetos. Por no poner a los demás en su sitio, me quitáis parte de lo que tengo preparado. Pues váis a ver cómo lo peto en 10 minutos."

Sin perder ni un segundo más en su cabreo Daniel subió al escenario, dió su charla en menos de diez minutos, presentando sus puntos de manera concisa y efectiva, con una asertividad y fuerza sorprendentes, y salió de la sala dejando a la audiencia boquiabierta y con ganas de más.

Pero su enfoque en resultados no se limitaba al trabajo. Incluso en momentos de ocio, Daniel mantenía su personalidad dominante. Cuando organizaba reuniones familiares, creaba itinerarios detallados y horarios apretados al minuto para cada actividad, desde las comidas hasta los paseos por el campo. Sus seres queridos se metían mucho con él en secreto sobre cómo Daniel era capaz de convertir hasta una escapada relajante en una operación militar.

En una ocasión, durante un viaje familiar a la playa, su hermana le preguntó con toda la mala leche si tenía un horario establecido para que los niños construyeran sus castillos de arena.

Daniel llevó su enfoque en resultados a su vida personal, y en su intento de encontrar la pareja perfecta, creó una lista de "requisitos" que cualquier candidata debía cumplir. Siempre en busca de eficiencia, organizó una serie de citas en las que evaluaba meticulosamente a cada candidata en función de su lista. Sus amigos se burlaban de él y de su rankin de candidatas diciendo que estaba buscando una "directora ejecutiva del corazón".

Daniel, un tipo con un perfil dominante y un fuerte enfoque en resultados, caminaba con seguridad hacia el aparcamiento del edificio de su empresa. Era un hombre de acción, siempre dispuesto a tomar decisiones y asumir la responsabilidad de las situaciones. En cualquier espacio se escuchaban sus pasos decididos resonar antes de entrar en la estancia. Su voz fuerte le precedía.

Un día cualquiera empezaba llegando en su mercedes biplaza descapotable. Se acercaba al área de recepción, entregó las llaves de su coche al conserje con un gesto decidido.

Daniel: "Aquí tienes, Juan. Cuídame el coche como siempre."

Juan, el conserje que llevaba con él desde que entraron en esa oficina asintió con una sonrisa nerviosa. "Por supuesto, Daniel. Siempre trato su coche como si fuera mío."

Daniel continuó hacia la recepción, donde la recepcionista, María, lo saludó con una sonrisa.

María: "¡Buenos días, Daniel! ¿Cómo amanece hoy?"

Daniel: "¡María! Siempre es un buen día cuando estamos luchando por superarnos. ¿Todo bien para la reunión con el director de logística?"

María revisó su agenda y asintió.

María: "Sí, está programada para justo para dentro de cinco minutos y Alejandro te espera."

Daniel: "Perfecto, pásame los datos de este año de Varhoos Milan para mirarlos en cuanto termine con Alejandro."

Sin perder tiempo, Daniel se dirigió hacia la sala de reunión Guglielmo Marconi. No era su sala favorita. Torció el morro. Había mandado rotular cada sala con el nombre de un inventor famoso. Entre otros nombres, había mandado incluir a Nikola Tesla, Karl Benz, Alexander Graham Bell, Galileo Galilei, y otros cuantos.

Cuando entró, encontró a Alejandro, el director, revisando informes sobre la mesa.

Daniel: "Alejandro, espero que tengas buenas noticias para mí esta mañana."

Alejandro levantó la mirada y sonrió.

Alejandro: "Por supuesto, Daniel. Estamos cumpliendo con todos los plazos de entrega y hemos reducido los costos de logística en un 10% este trimestre."

Daniel asintió con aprobación.

Daniel: "Eso es lo que me gusta escuchar, Alejandro. Por favor no dejes de apretar las tuercas, que no podemos bajar la guardia con esta gente."

Después de un breve repaso general del proyecto con Alejandro para revisar los detalles más importantes, Daniel tomó una decisión impulsiva.

Daniel: "Alejandro, cancela la reunión que teníamos programada con el proveedor de logística para esta tarde. Voy a hacer una videoconferencia con nuestro cliente *Varhoos* en Milán. Voy a apretarles para conseguir un aumento de pedido este año que entra."

Alejandro: "Vale. Pero creo que ya lo tiene controlado Laura. Lleva ocupándose de esta..."

Daniel le cortó "Alejandro, para hoy."

Alejandro asintió y tomó nota de la decisión de Daniel.

Alejandro: "Entendido, Daniel. Yo me ocupo."

Después de dejar la oficina de Alejandro, Daniel se dirigió a su propio despacho, donde se prepararía para la videoconferencia o lo que fuera al final con el cliente en Milán. Siempre estaba listo para enfrentar nuevos desafíos y aprovechar cualquier oportunidad que se presentara. Sentía que era su impulso implacable y su disciplina e intuición los motores que impulsaban su éxito continuo en el mundo empresarial.

A pesar de su éxito en el mundo de los negocios, Daniel no había tenido la misma suerte en el amor. Había pasado por dos matrimonios fallidos y varias relaciones efímeras como una brisa de verano. Su ex esposa solía decir que, para él, "compromiso" solo era una palabra en un contrato comercial.

Su primer matrimonio, con Dámaris, fue un ejemplo perfecto de cómo su personalidad dominante impactaba su vida amorosa. A menudo, Daniel llegaba tarde a las cenas románticas o se quedaba absorto en llamadas de negocios importantes durante las vacaciones en pareja.

Sus regalos iban desde una plancha (aquello fue memorable), hasta una rumba que barría y fregaba al mismo tiempo. Dámaris, que era más sensible y necesitaba una conexión emocional, se sentía desatendida y finalmente optó por seguir su propio camino.

Su segundo matrimonio, con Jennifer, comenzó con entusiasmo, pero pronto se vio afectado por la implacable búsqueda de éxito de Daniel. Se habían conocido en el trabajo. ¡Cómo no! Jennifer seguía aún en la empresa. En un intento desesperado por reconciliarse, organizó un romántico picnic en el parque. Sin embargo, en lugar de una cesta llena de delicatessen, llevó su maletín con informes financieros. Cuando Jennifer se lo echó en cara con una mezcla de emociones entre incredulidad y enfado, Daniel respondió, "¡Mujer, no te pongas así! Joder, ¡pensé que podríamos revisar el proyecto juntos como un equipo!" La relación no sobrevivió mucho tiempo después de esta y otras *idas de olla* mucho peores.

Las relaciones efímeras de Daniel también estaban marcadas por su enfoque en el *ROI*. "Y yo qué. Qué me llevo. Que te den." En una cita, llevó a su acompañante a un museo de arte en un fin de semana en Málaga, pero en lugar de disfrutar de las obras maestras, pasó la mayor parte del tiempo analizando la estructura de costes de la entrada y planificando cómo podrían reducirse los gastos operativos del museo. La cita terminó con una explicación detallada de su propuesta de eficiencia, dejando a su acompañante asombrada por su determinación, pero hasta las narices de Daniel, su descapotable, su narcisismo, y toda su estampa.

A pesar de las risas que estas anécdotas provocaron en las reuniones con amigos, Daniel se dio cuenta de que su estilo de conducta había dejado un rastro de relaciones rotas y oportunidades perdidas en su vida afectiva. Se encontró reflexionando sobre su búsqueda constante de éxito y la falta de equilibrio en su vida amorosa. "Joder, ¡no estoy tan mal!, ¿no? No soy un capullo integral... ¿No tengo derecho a ser feliz como todo hijo de vecino?"

La ruptura de su segundo matrimonio fue un punto de inflexión para Daniel. Se dio cuenta de que había descuidado aspectos cruciales de las relaciones: la empatía, la conexión emocional y la atención a las necesidades y deseos de su pareja. Había intentado hacer un esfuerzo consciente para equilibrar su implacable búsqueda de resultados con una comprensión más profunda de las relaciones personales.

Daniel comenzó a leer libros sobre inteligencia emocional y asistió a talleres de comunicación efectiva. Ya no sabía cómo escuchar mejor y expresar sus sentimientos de manera más abierta. Comenzó a buscar mostrar su afecto de formas más sutiles y a demostrar su compromiso emocional.

Aunque las relaciones pasadas habían dejado cicatrices,

Daniel estaba decidido a aprender de sus errores y a crear una base sólida para futuras relaciones. Se dio cuenta de que el éxito en el amor requería tanto esfuerzo y determinación como el éxito en los negocios, pero también necesitaba un corazón abierto y la voluntad de ser vulnerable.

Esta nueva perspectiva en su vida afectiva marcó un cambio significativo en Daniel "El Decisivo". A medida que avanzaba en su viaje de autorreflexión y crecimiento personal, esperaba que esta transformación le llevara a encontrar la verdadera satisfacción en el amor y las relaciones significativas en el futuro.

Daniel tenía dos hijos, Alex y Sofia. Aunque los quería con locura, su estilo de paternidad reflejaba su enfoque Rojo en la vida. De vez en cuando, se daba cuenta que quizá era algo cagaprisas. Es verdad que tenía la mecha muy corta. Cero paciencia. Y exigente... pues mucho. Porque sus niños merecían el mejor futuro posible... por eso esperaba mucho. Todo. Siempre.

Alex, su hijo mayor, siempre había admirado la ambición de su padre. Desde una edad temprana, Daniel lo alentó a establecer objetivos ambiciosos y a ser persistente en su búsqueda. A Alex lo tenía frito. Nunca era suficiente su rendimiento. En el fútbol. En inglés. En chino. En el conservatorio de música. Con el piano. Su hijo iba a ser un conquistador nato. Como él.

Por otro lado, Sofia, su hija menor, tenía un enfoque más tranquilo hacia la vida. A menudo se encontraba inmersa en libros y tenía un corazón compasivo. Hablaba por los codos. A todas horas. Con la incontinencia propia de la ignorancia infantil. Interrumpiéndole cada vez que se concentraba en algo útil.

Para Daniel era desesperante. Sofía le daba mil vueltas a todo. "Cansina como su madre, siempre se va por los cerros de úbeda."

Era un encanto de niña, dulce y afectuosa sin reservas. Sofia estaba luchando en la escuela con problemas de matemáticas. Daniel, en su intento de ayudar, organizó un "campamento de matemáticas" en casa, completo con horarios estructurados y exámenes diarios. Sofia terminó diciendo a todo el mundo que prefería enfrentarse a los problemas de matemáticas de la escuela que a los de su padre.

A pesar de su amor por sus hijos, a Daniel a menudo le echaban en cara sus peques de que le sentían más como un entrenador que como un padre. Le enseñó a sus hijos a establecer objetivos ambiciosos y a ser persistentes, pero a veces olvidaba que también necesitaban espacio para ser niños y disfrutar de la vida sin presiones excesivas.

A medida que Alex y Sofia crecían, comenzaron a expresar sus propias personalidades y deseos de manera más definida. Alex, influenciado por su padre, se interesó cada vez más en los negocios y la tecnología. Aunque admiraba a su padre, también sentía la presión de igualar sus éxitos. Nada de lo que hacía le parecía suficiente a su padre, rara vez expresaba encomio, ánimo, estímulo, valoración. Y dolía. Mucho.

Sofia, por otro lado, se inclinaba hacia las artes y la literatura. Disfrutaba de la creatividad y encontraba consuelo en las historias que leía y escribía. A pesar de sus diferencias, Daniel no sabía cómo alentar a sus hijos a seguir sus pasiones individuales y rara vez los apoyó en sus esfuerzos.

La madre de Daniel lo arrinconó una tarde de sábado. "Daniel, cariño. ¿Tu sabes que te estimo con toda mi alma, verdad?"

"Mamá, ¿qué me vas a decir?"

"Daniel, tú sabes que tu padre y yo no podemos estar más orgullosos de todo lo que has luchado y de todos los éxitos que sigues consiguiendo. No podemos estar más felices."

"¿Pero?"

"Ay, Daniel. Ya te pones el parche antes de la herida."

"Herida en camino, pues"

"Cariño mío, tienes a los críos muy agobiados y necesitan que su padre les escuche más."

"Ya estamos"

"Daniel, Alex y Sofia van a tener que aprender a tomar decisiones por sí mismos, algunas que igual no siempre te van a gustar."

"Mamá, te agradezco mucho todo tu cariño y todo tu interés. Pero mi relación con mis hijos, y su crianza es cosa mía, y solamente mía. Esta conversación llega hasta aquí, por favor."

A medida que Alex y Sofia crecían, su relación con su padre evolucionaba. Aprendieron a apreciar sus lecciones de determinación y ambición, pero también lo desafiaron para que fuera más flexible y comprensivo.

Esta etapa de su vida lo llevó a una profunda

reflexión sobre la importancia del equilibrio entre el éxito profesional y las relaciones familiares. Daniel "El Decisivo" estaba en un viaje continuo de autorreflexión y crecimiento, tratando de encontrar el equilibrio adecuado entre su implacable búsqueda de resultados y su deseo de fortalecer los lazos familiares.

Los muy sufridos y escasos amigos de Daniel sabían que era el "capitán" del grupo. Organizaba reuniones, decidía los destinos de vacaciones y, en general, estaba al mando de todo. En una ocasión, durante una cena, uno de sus amigos intentó proponer un brindis, pero Daniel le cortó de mal modo imponiendo la potencia de su voz, y se puso a hablar sobre sus planes para el próximo viaje en grupo. Sus amigos se resignaron a seguir su liderazgo, y aunque a veces se quejaban en tono de broma, apreciaban su compromiso y su capacidad para llevar las cosas a buen puerto.

Uno de los momentos más emblemáticos de su liderazgo fue durante un viaje de senderismo. Daniel había planificado una ruta detallada con horarios precisos y paradas estratégicas. Sin embargo, en medio de la caminata, el grupo se encontró con un paisaje impresionante que nadie podía resistir. Todos querían quedarse un poco más y disfrutar del momento, pero Daniel insistió en seguir el itinerario. Montó un pollo brutal, y con muy poca delicadeza, insultó a varios de sus colegas. Ni se dió cuenta. Hubo un debate breve pero intenso, y finalmente, Daniel cedió. El grupo pasó horas disfrutando del paisaje, y Daniel, cabreado como un mono, perdió una valiosa oportunidad de aprender una lección sobre la importancia de la flexibilidad y la apreciación del momento. El mal rollo duró varios meses.

Sus padres, hermanos y cuñados también estaban acostumbrados a su estilo directo. Unas vacaciones Daniel organizó un juego en el que todos tenían que seguir reglas estrictas. Cuando su hermano trató de hacer trampa, Daniel lo descalificó sin piedad, diciendo: "Las reglas son las reglas, incluso en la familia". Sus padres, por otro lado, sabían que podían contar con él para tomar decisiones difíciles y liderar la familia en momentos de necesidad.

Con sus hermanos a penas hablaba. A pesar de todas las anécdotas y excentricidades que acompañaban a su personalidad dominante, Daniel echaba en falta en lo más íntimo de su ser una conexión profunda con su familia y amigos. Si bien a veces podía ser autoritario, también era leal y protector. Estaba dispuesto a hacer cualquier cosa difícil y extrema por quienes quería, pero en las cosas cotidianas, fallaba estrepitosamente.

Uno de los momentos más significativos en su relación con su familia fue cuando su hermana pasó por un período de dificultades financieras. Daniel no dudó en ofrecer su ayuda, incluso cuando eso significaba sacrificar parte de sus propios objetivos financieros. Su hermana sintió las formas de Daniel como una puñalada honda, como una condescendencia profunda que la hizo sentir como una mierda.

¿Cuándo se dio cuenta Daniel? Muy tarde. Cuando el daño estaba hecho y había calado en lo más recóndito. Mierda. Llovía sobre mojado.

A medida que Daniel continuaba su viaje de autorreflexión y crecimiento personal, ser convencía de que había logrado equilibrar su liderazgo con una mayor empatía y comprensión hacia las necesidades y deseos de los demás. En la realidad que los demás vivían, Daniel rara vez se inclinaba a ceder el control en ciertas situaciones y a valorar las opiniones y contribuciones de los demás.

Al contrario de lo que en su prisma él percibía, su capacidad para conectar con las personas, no lograba fortalecer sus lazos personales y le estaba restando satisfacción tanto en su vida profesional como en su vida personal.

Daniel "El Decisivo" seguía siendo un hombre de éxito y ambición, pero más bien poco compasivo y tenido en un amigo leal según sus intereses y la situación. Su historia estaba marcada por las cicatrices que había sufrido e infligido sobre la falta de flexibilidad, la empatía y la autenticidad en las relaciones humanas.

2 "SUEÑOS ROJOS: OBJETIVOS Y ASPIRACIONES"

Desde el principio, Daniel tenía una visión clara de lo que quería lograr en el mundo empresarial. Su ambición era insaciable, y sus sueños eran grandes y audaces. A medida que se adentraba en el mundo de los negocios, estos sueños se convertían en objetivos concretos y aspiraciones que impulsaban su enfoque en resultados.

Uno de los sueños más destacados de Daniel había sido fundar su propia empresa de tecnología, "SpeedTech Solutions". Para él, esta empresa no era solo un negocio, sino una extensión de sí mismo, una oportunidad de demostrar su capacidad de liderazgo y su habilidad para alcanzar sus metas. Hablaba de SpeedTech Solutions con una pasión que era palpable para quienes lo rodeaban. Su visión era crear una empresa líder en innovación y eficiencia tecnológica.

Sus colegas y empleados a menudo escuchaban sus discursos apasionados sobre cómo SpeedTech Solutions estaba cambiando el mundo. Hablaba de revolucionar la industria con soluciones innovadoras y de liderar a su equipo hacia el éxito. Sus palabras eran convincentes, y su determinación era contagiosa.

No solo tenía sueños grandiosos para su empresa, sino también para sí mismo. Daniel aspiraba a convertirse en un líder respetado y admirado en su industria. Su objetivo era ser reconocido como un referente en innovación y excelencia empresarial. Trabajaba incansablemente para mostrar al mundo sus habilidades de liderazgo, su progreso, y su conocimiento empresarial. Bajo un barniz de humildad que ni él mismo se creía, disfrutaba de iluminar a los demás con sus conocimientos.

Le encantaba hablar de su coche y de su casa. Había luchado por llegar a la cima. Y la podía oler. Estaba ahí, a poca distancia.

A medida que avanzaba en su carrera, también se fijaba metas específicas. Establecía objetivos de ventas y crecimiento para SpeedTech Solutions, y no se detenía hasta alcanzarlos. Su mentalidad dominante y su enfoque en resultados eran evidentes en cada aspecto de su trabajo. No le tenía miedo a los desafíos y veía cada obstáculo como una oportunidad para demostrar su determinación.

Sin embargo, a medida que perseguía sus sueños y objetivos, Daniel también se enfrentaba a consecuencias en su entorno profesional. Su enfoque en resultados a veces lo llevaba a tomar decisiones audaces que no todos compartían. Algunas de estas decisiones resultaron en tensiones con colegas y empleados que tenían en cuenta aspectos diferentes de la empresa. La rotación en el departamento comercial, y en el de desarrollo era sangrantemente preocupante. Le estaba quitando el sueño.

A pesar de las dificultades, Daniel estaba decidido a alcanzar sus metas. *Never back down*. Jamás un paso atrás. Sabía que el camino hacia el éxito estaba lleno de desafíos, pero estaba dispuesto a enfrentarse a ellos con valentía. Su ambición insaciable lo impulsaba a superar cualquier obstáculo que se interpusiera en su camino.

Daniel tenía sueños, objetivos y aspiraciones que trascendían su personalidad dominante Roja. Su visión para su empresa y su carrera era grande y apasionada. Hablaba con entusiasmo sobre sus metas y trabajaba incansablemente para alcanzarlas, aunque a veces eso significara enfrentar dificultades en su entorno profesional.

Bajo esa fachada dura de hombre hecho a sí mismo, uno de sus sueños más profundos era encontrar una relación amorosa sólida y duradera. A pesar de sus dos matrimonios fallidos y sus relaciones efímeras, Daniel seguía creyendo en el amor y anhelaba una conexión emocional genuina con una pareja. Soñaba con encontrar a alguien que compartiera su vida y que lo aceptara tal como era, con sus virtudes y defectos.

En el fondo, Daniel aspiraba a ser un buen compañero y a que le dejaran ser como él era. Quería aprender de sus experiencias pasadas y ser capaz de comprometerse verdaderamente en una relación. Anhelaba encontrar el equilibrio entre su implacable búsqueda de éxito y su capacidad para conectarse emocionalmente con alguien. Hablaba de esto con sus amigos más cercanos, expresando su deseo de encontrar el amor y construir un futuro juntos.

Su esperanza también se extendía a la idea de formar una familia con sus dos hijos y, quién sabe, alguno más por venir. A pesar de sus compromisos profesionales y su enfoque en resultados, Daniel anhelaba la experiencia de ser padre. Visualizaba momentos en los que jugaría con sus hijos, los llevaría a la escuela y los vería crecer. Este sueño aportaba un matiz de ternura a su personalidad dominante.

Sin embargo, sus experiencias pasadas también dejaban un rastro de incertidumbre en sus aspiraciones afectivas que le sublevaba. Había sentido el dolor mordiente de la pérdida y la desilusión profunda en el amor, y eso a veces lo hacía dudar de si podría encontrar la relación que tanto anhelaba. Sus amigos le recordaban que el amor no siempre seguía un plan y que a veces era necesario dejar que las cosas fluyeran de manera natural.

"¿Qué me falta? ¿En qué me estoy equivocando?" se sorprendía pensando a veces.

Reconocía que el amor y las relaciones eran complejos y que requerían una apertura y vulnerabilidad que a veces le costaba mostrar debido a su personalidad dominante.

Este capítulo de su historia demostraba la dualidad en la vida de Daniel. Si bien era un hombre impulsado por el éxito y los resultados en el mundo empresarial, también era un ser humano con sueños y aspiraciones afectivas. Su lucha por encontrar el equilibrio entre sus deseos y la realidad de las relaciones personales añadía profundidad a su historia y mostraba su búsqueda constante de autenticidad y conexión emocional.

Uno de sus deseos más profundos y sinceros estaba relacionado con sus hijos, una parte fundamental de su vida.

Desde que era joven, Daniel había imaginado la experiencia de ser padre. A medida que maduraba, esos sueños se convertían en ilusiones concretas. Quería ser un padre que estuviera presente en la vida de sus hijos, que los apoyara en su crecimiento y les brindara oportunidades para desarrollarse plenamente. Su padre a penas había estado. Era el coco de las historias. Su madre le amezaba cada día "cuando llegue tu padre, verás". Y efectivamente, lo único que recibía de su padre era disciplina. En formato duro. Calor negro.

Uno de sus sueños más significativos era ser un modelo a seguir para sus hijos. Esperaba inculcarles valores importantes, como la determinación, la responsabilidad y el compromiso. Quería que sus hijos lo vieran como un ejemplo de cómo alcanzar el éxito a través del esfuerzo y la perseverancia, de superar a todo y a todos.

Daniel también tenía ilusiones relacionadas con la educación de sus hijos. Visualizaba momentos de ayudarlos con la tarea, leerles cuentos antes de dormir y llevarlos a excursiones educativas. Quería ser un padre que fomentara la curiosidad y el amor por el aprendizaje en sus hijos. Quería que nada ni nadie los pisoteara, y que fueran los dueños de sus destinos.

Sin embargo, estas ilusiones también estaban matizadas por la realidad. Daniel sabía que ser un padre implicaba desafíos y sacrificios. A veces, sus compromisos profesionales podían poner a prueba su capacidad para estar presente en la vida de sus hijos. Sentía que estaba fallando y se estaba quedando sin tiempo.

A medida que sus hijos crecían, Daniel echaba de menos mantener una comunicación abierta y afectuosa con ellos. Quería que supieran que podían contar con él para cualquier cosa, desde consejos sobre la vida hasta apoyo emocional en momentos difíciles. Estaba decidido a ser un padre comprensivo y cariñoso. "¿Pero cómo?"

Sus amigos y familiares casi nunca le escuchaban compartir historias y anécdotas sobre sus hijos. Daniel no era capaz de compartir con entusiasmo los logros y las travesuras de sus pequeños y expresar sus ilusiones sobre su futuro. No le salía hablar de cómo planeaba estar presente en cada etapa de sus vidas y apoyarlos en sus propios sueños y metas.

Quería ser un padre ejemplar, transmitir valores importantes y brindarles las mejores oportunidades para crecer y aprender. Pero lo hacía como si de KPI's se tratara. Key Performance Indicators. Indicadores de Rendimiento Claves. Los medía cada día. En su Cuadro de Mandos Vital, comparaba sus progresos con el molde que había diseñado para ellos. Necesitaba sentirse en control. Los exasperaba. Los quería demasiado para que fallaran.

En lo más íntimo de su ser, Daniel se daba cuenta de que había estado tan absorto en conseguir cosas, y restando importancia a llevar a cabo las pequeñas acciones cotidianas que son imprescindibles e inevitables para poder mantener conexiones significativas con amigos y familiares.

Una de sus aspiraciones en la amistad era ser mejor como amigo, leal y confiable. Valoraba mucho sus amistades y esperaba que sus amigos supieran que podían contar con él en cualquier momento. Su enfoque en resultados se extendía a su papel como amigo; siempre estaba dispuesto a ayudar y a tomar la iniciativa para planificar actividades y reuniones.

Daniel había perdido alguna buena amistad que otra por su carácter. Quería que sus amistades fueran sólidas y que perduraran a lo largo de los años. Visualizaba momentos de risas compartidas, apoyo mutuo en momentos difíciles y celebraciones de los éxitos de sus amigos. A veces se preguntaba qué podría hacer diferente para mantener esas amistades a lo largo de su vida y nunca perder contacto con las personas que consideraba importantes.

Con frecuencia, ni se daba cuenta de que su personalidad dominante a veces lo llevaba a tomar decisiones impulsivas incluso en sus relaciones de amistad. Había organizado excursiones de aventura y eventos sorpresa para sus amigos, y aunque a veces parecía un líder autoritario, sentía que sus amigos tenían que saber que su intención era crear momentos memorables.

Con su familia, Daniel aspiraba a ser un hijo, hermano y cuñado que estuviera presente y disponible. Sabía que sus compromisos profesionales podían ocupar gran parte de su tiempo, pero se esforzaba por mantener una relación cercana con sus padres, hermanos y cuñados. Esperaba que su familia supiera cuánto significaban para él y que siempre podría contar con su apoyo.

Una de sus aspiraciones más profundas era fortalecer los lazos familiares. Quería que las reuniones familiares fueran momentos de unión y alegría. Visualizaba celebraciones familiares llenas de risas, conversaciones significativas y recuerdos compartidos. Hablaba de cómo planeaba continuar estas tradiciones familiares a lo largo de su vida.

A medida que avanzaba en su historia, Daniel se daba cuenta de que mantener relaciones significativas con amigos y familiares requería tiempo y esfuerzo. Se esforzaba por encontrar un equilibrio entre sus aspiraciones profesionales y su vida social y familiar. Reconocía que las relaciones personales eran una parte importante de su vida y que aportaban una dimensión de satisfacción y plenitud a su existencia.

Quería ser un amigo leal y confiable, mantener relaciones de amistad duraderas y fortalecer los lazos familiares. A pesar de los desafíos que enfrentaba debido a su personalidad dominante, su determinación y su amor por sus seres queridos lo impulsaban a buscar un equilibrio entre sus aspiraciones profesionales y su vida social y familiar. Su historia reflejaba su deseo de mantener conexiones significativas en todos los aspectos de su vida.

3 "LA CAÍDA DEL ROJO: LECCIONES APRENDIDAS"

A pesar de su enfoque en resultados y su determinación inquebrantable, la personalidad dominante de Daniel también tuvo un lado oscuro en su vida profesional. A medida que avanzaba en su carrera, se dio cuenta de que su estilo de conducta y comunicación tan dominante había causado estragos en relaciones, oportunidades y admiración profesionalmente, mientras atraía a personas superficiales que solo estaban interesadas en sus resultados.

En una ocasión, durante una importante reunión de negocios, Daniel estaba tan decidido a imponer sus ideas que no permitió que otros expresaran sus opiniones. Aunque logró que su propuesta fuera aceptada, alienó a algunos colegas y socavó la colaboración en el equipo. Aprendió que su enfoque unilateral podía tener un alto costo en términos de relaciones profesionales.

La reunión comenzó de manera prometedora, con una presentación de Daniel sobre su enfoque para el proyecto. Sus ideas eran sólidas y habían sido cuidadosamente preparadas. Sin embargo, a medida que avanzaba la presentación, Daniel comenzó a imponer su punto de vista de manera cada vez más dominante. No permitió que otros miembros del equipo expresaran sus opiniones ni hicieran preguntas.

Uno de los miembros del equipo, Laura, intentó hacer una pregunta relevante sobre el presupuesto del proyecto. Pero Daniel la interrumpió de inmediato con un tono cortante a más no poder, sin dejarla terminar su frase.

Daniel: "Laura, ahora mismo estoy explicando la estrategia general. Las preguntas pueden esperar hasta que termine."

Laura se sintió frustrada por la falta de oportunidad para aportar sus ideas y preocupaciones. Sin embargo, decidió esperar pacientemente a que Daniel terminara su presentación.

A medida que la reunión continuaba, Daniel continuó ignorando las intervenciones de los demás miembros del equipo. Estaba tan enfocado en transmitir su punto de vista que no permitía espacio para la colaboración o el intercambio de ideas. La tensión en la sala era palpable, y varios miembros del equipo comenzaron a sentirse alienados y despreciados. Daniel se hartó de que le cuestionaran. "¡Qué óstias! El jefe soy yo, y el que se la juega cada día soy yo."

Finalmente, Daniel concluyó su presentación y dio por terminada la reunión. Anunció que su propuesta se implementaría tal como la había presentado y que esperaba que todos estuvieran de acuerdo.

Sin embargo, en lugar de recibir el aplauso y la aprobación que esperaba, Daniel se encontró con miradas de descontento y murmullos de desaprobación. Laura, quien había intentado hacer una pregunta durante la reunión, se levantó y expresó su frustración.

Laura: "Daniel, entiendo que tienes una visión clara de este proyecto, pero no nos diste la oportunidad de discutir o aportar nuestras ideas. Somos un equipo, y necesitamos colaborar y considerar todas las perspectivas antes de tomar decisiones importantes."

El resto del equipo asintió en acuerdo con Laura, expresando su descontento por la forma en que se había llevado a cabo la reunión.

Daniel: "Laura, te entiendo, pero no tengo tiempo para perder dándole vueltas a ideas peregrinas a medio preparar que no tengan una base de realidad y sean ejecutables. La próxima vez, me mandáis un resumen de esas ideas antes de la reunión, pero no me hagáis perder el tiempo. Lo he dicho miles de veces. Y si tienes algún problema con eso lo hablamos en mi despacho en otro momento."

Daniel se sintió sorprendido y herido por las reacciones de su equipo. No había anticipado que su enfoque unilateral tendría un costo tan alto en términos de relaciones profesionales. Se lo tomó como un motín a bordo. Dijo cosas muy duras a varios empleados presentes de las que se arrepintió casi al momento de decirlas.

A partir de esa conversación terrible, Daniel vivió una racha que se hizo un calvario. Negaba lo evidente, y le costaba considerar las opiniones de su equipo. Algo sí intuía en su fuero interno. Su enfoque dominante no siempre era efectivo y el no ser más receptivo a las ideas y perspectivas de los demás le estaba suponiendo un coste evidente personal y profesional.

Daniel se disculpó con su equipo y se comprometió a trabajar en su habilidad para liderar de manera más inclusiva y considerada. Su equipo no le creyó. Pero Daniel se resolvió a que esta experiencia supusiera un punto de inflexión en su enfoque y le ayudara a convertirse en un líder más efectivo y respetuoso con su equipo.

En otra situación, su determinación para alcanzar una meta de ventas lo llevó a tomar atajos éticos. Aunque logró el objetivo a corto plazo, se enteró de que sus acciones habían dañado la reputación de la empresa y había perdido la confianza de algunos clientes clave. Se dio cuenta de que el éxito a cualquier costo no era sostenible y que la integridad era esencial en los negocios.

También había momentos en los que su estilo directo y autoritario alejaba a personas que admiraba profesionalmente. En una conferencia importante, se acercó a un experto en su campo para entablar una conversación, pero su actitud dominante y su falta de interés genuino en la perspectiva del experto lo llevaron a perder la oportunidad de establecer una relación valiosa. Daniel no supo evitar mirar su teléfono y su smartwatch cada vez que vibraba, y el experto lo mandó a Guantánamo o más lejos.

A pesar de que había conseguido cierta medida de éxito, y de que estaba en todos los círculos empresariales de la región, Daniel notó que con cierta frecuencia atraía a personas superficiales que solo estaban interesadas en sus resultados y no en él como persona. Algunos colaboradores solo buscaban asociarse con él por conveniencia, lo que lo dejaba sintiéndose insatisfecho con la calidad de sus relaciones profesionales.

Estas experiencias le enseñaron a Daniel lecciones valiosas sobre la importancia de equilibrar su determinación con la empatía y la colaboración.

Sin embargo, el momento en su vida en el que se vería superado por una situación que lo dejó en una posición vulnerable y lo alejó de su propio proyecto de manera abrupta estaba por llegar. Esta experiencia fue un golpe devastador que lo hizo perder un dineral indecente y ocasionó una pérdida reputacional considerable.

Todo comenzó cuando Daniel había iniciado un nuevo proyecto empresarial con dos socios que inicialmente compartían su visión y ambición. Juntos, habían invertido tiempo y recursos considerables en el proyecto, y las perspectivas eran prometedoras. La empresa estaba en crecimiento, y todo parecía ir viento en popa.

Sin embargo, lo que Daniel no sabía era que sus socios habían estado conspirando en su contra en secreto. Habían estado tramando un plan para apartarlo del proyecto y quedarse con el control total. Sus socios, conscientes de su enfoque dominante en resultados, habían ideado una estratagema para hacerle perder el control de la empresa.

Un día, Daniel fue invitado a una reunión importante con sus socios, en la que se discutirían temas cruciales para el futuro del proyecto. Pero lo que no sabía era que había caído en una emboscada cuidadosamente planeada. Sus socios, en lugar de discutir de manera abierta y colaborativa, lo confrontaron con acusaciones falsas y evidencia manipulada.

Daniel se sintió aturdido y desorientado. La traición de sus socios lo dejó sin palabras, y la velocidad con la que la situación se deterioró lo tomó por sorpresa. En esa reunión, perdió el control de la empresa que había ayudado a construir y se vio forzado a ceder sus acciones y su influencia.

El golpe financiero fue inmenso. Perdió una cantidad considerable de dinero que había invertido en el proyecto y se vio enfrentado a una situación económica complicada. Además, su reputación también sufrió un golpe importante, ya que sus socios habían difundido información negativa sobre él en el mercado.

Por primera vez en muchos años, Daniel se encontró en una posición en la que no podía reaccionar rápidamente ni defenderse de manera efectiva. Se sentía abrumado por la traición de quienes consideraba amigos y colegas de confianza. La sensación de impotencia lo atormentaba y lo dejaba sin un camino claro para recuperar lo que había perdido. Sentía que el universo entero se había confabulado en su contra.

Sin embargo, a pesar de la devastación inicial, Daniel no se rindió. A lo largo del tiempo, comenzó a reconstruir su vida y su carrera. Aprendió valiosas lecciones sobre la importancia de la confianza y la diligencia debida en las asociaciones empresariales. Se dio cuenta de que su determinación y su enfoque en resultados no debían nublar su juicio y su capacidad para evaluar a las personas con las que trabajaba.

Iba a ser un proceso largo y doloroso, pero Daniel

eventualmente lograría recuperarse y reconstruir su reputación en la industria. Una cosa estaba clara. Quería ser más cauteloso en sus relaciones empresariales y a confiar en su intuición cuando detectaba posibles señales de traición.

Esta experiencia en su vida profesional fue un punto de inflexión que lo hizo reflexionar sobre su enfoque en resultados y su necesidad de ser más astuto en el mundo de los negocios. Aunque lo dejó en una posición vulnerable en un momento dado, también lo fortaleció y lo ayudó a crecer como empresario y como persona. Su historia reflejaba su capacidad para superar obstáculos y aprender de las adversidades, sin importar cuán devastadoras pudieran ser.

Había ocasiones en las que las desgracias parecían alinearse en su contra, y una de esas situaciones más dolorosas fue cuando su segunda esposa le pidió el divorcio de manera inesperada.

En medio de los desafíos y las traiciones que había enfrentado en su carrera, Daniel había encontrado en su segunda esposa un apoyo emocional invaluable. Habían compartido momentos de alegría y de superación juntos, y él creía que su matrimonio era sólido. Sin embargo, la realidad estaba a punto de sacudir su vida de una manera que nunca había anticipado.

La noticia del divorcio llegó como un golpe devastador. Su segunda esposa, quien había compartido su vida durante años, lo confrontó un día con lágrimas en los ojos. Le dijo que no podía seguir viviendo bajo la sombra de su obsesión por el trabajo y su personalidad egoísta. Se sentía abandonada y desatendida, y su paciencia se había agotado.

La noticia lo dejó aturdido y abrumado. Lo que más le atormentaba es que la historia se repetía. *Deja vu*. La idea de perder a la persona a la que amaba y con la que había compartido tantos momentos significativos lo sacudió hasta lo más profundo. La sensación de impotencia lo invadió nuevamente, y esta vez, no podía recurrir a su determinación implacable para solucionar el problema.

Esas viejas dudas sobre sí mismo empezaron a trepar por dentro con insistencia.

El divorcio no solo implicaba la pérdida de su esposa, sino también cambios significativos en su vida personal y emocional. La situación financiera se complicó aún más, ya que el proceso de divorcio requería una división de bienes y activos. Además, la noticia del divorcio también tuvo un impacto en su reputación en el ámbito personal y social.

Por primera vez en mucho tiempo, Daniel se encontró en una posición en la que no podía simplemente tomar el control de la situación y solucionarla de inmediato. Su determinación no podía reparar lo que se había roto en su matrimonio. Se sintió perdido y vulnerable, enfrentando emociones abrumadoras de tristeza y desesperación. Sin su auto-confianza, se sentía vació y desnudo. ¡Nada!

Daniel comenzó a reflexionar sobre la situación y a buscar maneras de crecer y aprender de la experiencia. ¿Qué le estaba intentando decir el universo? Quizá que su obsesión por el trabajo había afectado su relación de manera profunda y dolorosa. O que equilibrar su carrera con su vida personal y emocional era mucho más importante de lo que había calculado.

La vida de Daniel también se veía 'adornada' por los conflictos familiares que surgieron debido a su enfoque en el negocio, el dinero y su determinación implacable para alcanzar el éxito. Estos problemas afectaron sus relaciones con su cuñado, su hermana y sus padres, creando tensiones que a menudo parecían insuperables.

Uno de los principales conflictos surgía con su cuñado, quien veía a Daniel como alguien obsesionado con el dinero y el trabajo. Sus diferencias de personalidad y enfoque de vida se volvían evidentes en cada interacción. Su cuñado prefería una vida más relajada y centrada en la familia, mientras que Daniel estaba constantemente enfocado en sus objetivos profesionales.

Las discusiones eran frecuentes y a menudo se centraban en las prioridades de vida de cada uno. Daniel argumentaba que su enfoque en el trabajo era necesario para proporcionar comodidades materiales a su familia, pero su cuñado lo veía como alguien que sacrificaba la verdadera felicidad en busca del éxito material. La relación se volvía cada vez más tensa, y Daniel se sentía incomprendido y juzgado.

Con su hermana, la relación también se volvía complicada. Ella compartía algunas de las preocupaciones de su cuñado sobre la obsesión de Daniel por el dinero y el trabajo. Además, se preocupaba por la falta de tiempo que Daniel pasaba con su familia debido a sus compromisos profesionales. A menudo, las conversaciones entre ellos se convertían en confrontaciones emocionales.

Los desacuerdos familiares no se limitaban a su cuñado y su hermana, sino que también involucraban a sus padres. Daniel había sido criado en un ambiente en el que se valoraba mucho el éxito material y la estabilidad financiera. Sin embargo, sus padres habían llegado a un punto en sus vidas en el que preferían la comodidad y la tranquilidad por encima de todo.

Los conflictos surgían cuando Daniel sentía que sus padres no comprendían su necesidad de buscar constantemente el éxito y acumular riqueza. A menudo, las conversaciones familiares se centraban en las diferencias de valores y prioridades. Sus padres querían que Daniel disfrutara de la vida y se relajara, mientras que él sentía la presión constante de seguir avanzando y alcanzar sus objetivos.

Estos problemas familiares afectaban profundamente a Daniel y lo dejaban en una situación emocionalmente complicada. A menudo se sentía atrapado entre su deseo de cumplir con las expectativas de su familia y su necesidad de perseguir sus metas profesionales. La sensación de ser juzgado y no comprendido por sus seres queridos lo atormentaba. "No me entienden. Me frenan, son un peso muerto cuando se empeñan en intentar bajarme a su realidad."

Sin embargo, a medida que se enfrentaba a los desafíos que se le presentaban, Daniel comenzó a darse cuenta de la importancia de encontrar un equilibrio entre sus objetivos profesionales y sus relaciones familiares. Aprendió que el éxito material no debía ser su única medida de logro y que debía priorizar las conexiones emocionales con su familia.

A pesar de las diferencias y tensiones, estaba comprometido en encontrar un camino hacia relaciones familiares más saludables y significativas.

4 "RENACIMIENTO ROJO: ADAPTÁNDOSE AL MUNDO"

El punto de inflexión en su búsqueda de crecimiento personal y profesional fue cuando asistió a una conferencia sobre el perfil DISC aplicado a la empresa, dirigida por un especialista en inteligencia emocional, liderazgo y bienestar organizacional. Esta experiencia le proporcionó diez aprendizajes transformadores que cambiaron su perspectiva sobre su comportamiento y comunicación en su vida personal y profesional.

Autoconciencia: La conferencia le enseñó a Daniel a mirarse a sí mismo desde un punto de vista objetivo. Comprendió que su enfoque en resultados estaba afectando sus relaciones personales y que necesitaba un cambio.

Empatía: Aprendió la importancia de ponerse en el lugar de los demás y entender sus perspectivas. Se dio cuenta de que su falta de empatía había causado conflictos en el pasado.

Flexibilidad: Daniel comprendió que su estilo de comunicación directo no funcionaba en todas las situaciones. Aprendió la importancia de adaptarse a diferentes personas y contextos.

Colaboración: La conferencia enfatizó la importancia de trabajar en equipo y colaborar eficazmente. Daniel se dio cuenta de que su enfoque en resultados a menudo lo hacía poco colaborativo.

Comunicación efectiva: Aprendió técnicas para comunicarse de manera más efectiva, especialmente en situaciones en las que la persuasión y la negociación eran cruciales.

Gestión del tiempo: La conferencia abordó la gestión del tiempo de manera eficiente, lo que ayudó a Daniel a equilibrar su enfoque en resultados con una administración más efectiva de su tiempo.

Resolución de conflictos: Daniel adquirió habilidades para abordar y resolver conflictos de manera constructiva. Se dio cuenta de que su enfoque en resultados lo había llevado a avivar conflictos en lugar de enfrentarlos. A buscar su éxito en lugar de encontrar un win-win / ganar-ganar en esas situaciones comprometidas.

Escucha activa: Aprendió a escuchar de manera activa y comprender las necesidades y preocupaciones de los demás. Esto mejoró sus relaciones personales y profesionales.

Adaptabilidad: La conferencia le mostró la importancia de ser adaptable en un mundo empresarial en constante cambio. Daniel se dio cuenta de que su rigidez a veces era un obstáculo para el crecimiento.

Equilibrio entre trabajo y vida: Finalmente, Daniel entendió que el éxito no debía medirse solo en términos de logros materiales. Aprendió a priorizar su bienestar emocional y sus relaciones personales.

Estos diez aprendizajes transformadores fueron un punto de inflexión en la vida de Daniel. Comprendió que su enfoque en resultados y su determinación debían equilibrarse con un enfoque en las relaciones personales, la empatía y la comunicación efectiva. A partir de ese momento, comenzó a trabajar en cambiar su comportamiento y su forma de hablar tanto en su vida profesional como personal.

Este capítulo marcó el comienzo de una nueva etapa en la vida de Daniel, en la que buscaba un éxito más amplio y satisfactorio que no se limitara solo al dinero. Aprendió que el verdadero éxito también implicaba relaciones significativas, bienestar emocional y un equilibrio saludable entre el trabajo y la vida personal. Su historia reflejaba su voluntad de crecer y adaptarse al mundo que lo rodeaba, y su determinación para ser una persona más completa y feliz.

Después de asistir a la conferencia de Nathan Manzaneque, Daniel regresó a su empresa, "SpeedTech Solutions", con un renovado sentido de propósito. Estaba decidido a aplicar los diez aprendizajes transformadores que había adquirido en su vida profesional. Aquí está la historia de cómo comenzó a hacerlo:

Un día, en una reunión de equipo, Daniel notó que uno de sus empleados, Sarah, estaba visiblemente preocupada. Solía ser conocida por su actitud positiva, pero en esa ocasión, parecía abrumada por la presión del proyecto en curso. Daniel recordó el aprendizaje de la empatía y decidió abordar la situación de manera diferente.

En lugar de imponer plazos estrictos y esperar resultados inmediatos, Daniel se acercó a Sarah y le preguntó sobre sus preocupaciones. Escuchó atentamente mientras ella compartía sus desafíos y preocupaciones. Daniel no solo ofreció apoyo emocional, sino que también ajustó el cronograma del proyecto para aliviar la presión sobre Sarah. La actitud de Sarah cambió notablemente, y el proyecto finalizó con éxito gracias a su contribución renovada.

En otra ocasión, Daniel tenía una reunión importante con un cliente potencial. Antes de aplicar los aprendizajes, solía adoptar un enfoque directo y centrarse únicamente en los resultados. Sin embargo, esta vez decidió aplicar el aprendizaje de la comunicación efectiva.

En la reunión, Daniel comenzó preguntando al cliente sobre sus necesidades y expectativas. Escuchó cuidadosamente sus respuestas y se aseguró de que el cliente se sintiera valorado y comprendido. Luego, presentó su propuesta de manera clara y persuasiva, enfocándose en cómo su empresa podría ayudar al cliente a alcanzar sus objetivos. El cliente quedó impresionado por la empatía y la comunicación efectiva de Daniel, y finalmente cerraron un contrato importante.

Una de las lecciones más importantes que Daniel aplicó fue la resolución de conflictos. Antes, solía evitar los desacuerdos y confrontaciones en el trabajo. Sin embargo, un día surgió un conflicto entre dos miembros de su equipo, John y Emily. En lugar de ignorar el problema, Daniel decidió enfrentarlo directamente.

Convocó a una reunión con John y Emily, proporcionando un espacio seguro para que expresaran sus preocupaciones y puntos de vista. Utilizando las habilidades de escucha activa que había aprendido, Daniel ayudó a ambas partes a comprender las perspectivas del otro. Juntos, encontraron una solución que satisfizo a ambas partes y fortaleció la cohesión del equipo.

A medida que Daniel aplicaba estos aprendizajes en su vida profesional, notó un cambio significativo en la dinámica de su empresa. Su equipo estaba más comprometido y motivado, sus relaciones con los clientes eran más sólidas y su capacidad para resolver problemas y adaptarse al cambio mejoraba constantemente.

Daniel comenzó a aplicar los aprendizajes transformadores en su vida profesional, transformando no solo su enfoque en resultados, sino también su capacidad para comprender y conectarse con las personas a su alrededor. Su evolución personal y profesional se convirtió en una inspiradora historia de cambio y crecimiento.

Después de asistir a la conferencia sobre el perfil DISC y aplicar sus aprendizajes en su vida profesional, Daniel comenzó a darse cuenta de que también podía utilizar estas valiosas lecciones en sus relaciones afectivas. La búsqueda de una pareja compatible y relaciones más saludables se convirtió en uno de sus objetivos personales más importantes. Aquí está la historia de cómo comenzó a aplicar estos aprendizajes en su vida amorosa:

Una noche, mientras reflexionaba sobre su historial de relaciones fallidas, Daniel recordó el aprendizaje de la empatía. Se dio cuenta de que, en el pasado, había sido egoísta en sus relaciones sentimentales, centrándose en sus propias necesidades y objetivos. Decidió que era hora de cambiar su enfoque.

Al salir en citas y conocer a nuevas personas, Daniel comenzó a hacer un esfuerzo consciente por escuchar y comprender las perspectivas y deseos de sus posibles parejas. Dejó de imponer sus propias expectativas y, en su lugar, se esforzó por conocer las metas y valores de quienes conocía.

Un ejemplo de esto fue cuando conoció a Isabel, una mujer con un perfil más tranquilo y reflexivo. En lugar de intentar cambiarla o presionarla para que se ajustara a su estilo de vida impulsivo, Daniel aceptó y apreció sus diferencias. Se esforzó por ser más paciente y comprensivo en la relación, lo que hizo que Isabel se sintiera valorada y respetada.

Daniel también aplicó el aprendizaje de la comunicación efectiva en su relación con Isabel. En lugar de ocultar sus pensamientos y sentimientos, aprendió a expresarlos de manera abierta y honesta. Esto les permitió resolver conflictos de manera constructiva y fortaleció su conexión emocional.

Una de las lecciones más importantes que Daniel aplicó

en sus relaciones afectivas fue el equilibrio entre trabajo y vida. Antes, solía enfocarse tanto en su carrera que descuidaba sus relaciones personales. Sin embargo, después de comprender la importancia de este equilibrio, comenzó a priorizar pasar tiempo de calidad con su pareja.

Isabel y Daniel pasaron fines de semana juntos, disfrutaron de vacaciones relajantes y compartieron experiencias significativas. Esta inversión emocional en su relación les ayudó a fortalecer su vínculo y a construir una base sólida para su futuro juntos.

A medida que Daniel aplicaba los aprendizajes sobre DISC en sus relaciones afectivas, notó un cambio profundo en la dinámica de sus interacciones amorosas. Se convirtió en un compañero más empático, comunicativo y equilibrado. Su búsqueda de una pareja compatible se basaba en una comprensión más profunda de sí mismo y de lo que buscaba en una relación.

Con el tiempo, Daniel encontró en Isabel a alguien que compartía sus valores y metas personales. Su relación floreció gracias a la aplicación de los aprendizajes de DISC, lo que les permitió construir una relación sólida y saludable. Su historia de cambio y crecimiento en el ámbito romántico se convirtió en un ejemplo inspirador de cómo aplicar el conocimiento en busca de relaciones más satisfactorias y enriquecedoras.

Después de adquirir un profundo conocimiento sobre el perfil DISC y cómo aplicarlo en su vida profesional y afectiva, Daniel se dio cuenta de que también podía utilizar estos valiosos aprendizajes en su relación con sus hijos y el resto de su familia. Su deseo de ser un padre más comprensivo y un miembro más armonioso de su familia lo impulsó a aplicar estos principios en su hogar. Aquí está la historia de cómo comenzó a hacerlo:

Un día soleado, mientras jugaba en el parque con sus hijos, Daniel recordó el aprendizaje de la empatía. Había notado que, en ocasiones, se enfocaba demasiado en la disciplina y el control, lo que a menudo causaba tensiones en su relación con sus hijos. Quería cambiar eso.

Decidió aplicar la empatía con sus hijos al escuchar sus pensamientos, deseos y preocupaciones más profundas. Cuando su hijo mayor, Alex expresó su interés en la música, en lugar de descartarlo como una distracción, Daniel se tomó el tiempo para escuchar su música y hablar sobre sus sueños y aspiraciones musicales. Esto fortaleció su vínculo y permitió que Lucas se sintiera más comprendido y apoyado.

Un ejemplo de cómo aplicó la comunicación efectiva fue cuando su hija, Sofía tuvo un conflicto en la escuela. En lugar de simplemente darle consejos, Daniel la alentó a compartir sus pensamientos y emociones. Escuchó atentamente su versión de la historia y juntos trabajaron en una solución que permitiera a Emma sentirse más segura y capaz de enfrentar situaciones similares en el futuro.

Daniel también implementó el aprendizaje de la resolución de conflictos en su hogar. En lugar de evitar las discusiones familiares, abordó los desacuerdos con respeto y comprensión. Cuando surgieron diferencias entre sus hijos, promovió el diálogo y les enseñó a expresar sus preocupaciones de manera constructiva.

Un momento clave fue cuando su hija menor, Sofía tuvo una rabieta en medio de un evento familiar. En lugar de regañarla o ignorarla, Daniel se agachó a su nivel y la escuchó mientras expresaba sus frustraciones. Después de hablar sobre sus sentimientos, Sofía se calmó y pudo unirse a la celebración de la familia de manera más positiva.

La lección del equilibrio entre trabajo y vida también tuvo un impacto significativo en su relación con su familia. Antes, solía llevar trabajo a casa y estar constantemente ocupado con asuntos profesionales. Sin embargo, ahora, se aseguraba de reservar tiempo de calidad con sus hijos y su pareja Isabel

Organizaban paseos familiares, juegos de mesa y noches de películas juntos. Esto no solo fortaleció su relación familiar, sino que también les brindó momentos de conexión y alegría compartida.

A medida que Daniel aplicaba estos aprendizajes en su vida familiar, notó un cambio profundo en la dinámica de su hogar. Se convirtió en un padre más comprensivo, comunicativo y equilibrado. Su relación con sus hijos y el resto de su familia se volvió más armoniosa y satisfactoria.

BLOQUE 2 - AMARILLO:

El estilo de conducta Influenciador (I) en el modelo DISC se caracteriza por una serie de rasgos y comportamientos que han sido objeto de estudio científico en campos como la psicología y la neurociencia. A continuación, presentaremos una visión general respaldada por datos científicos sobre este perfil:

Características del Estilo Influenciador (I):

Sociabilidad y Extroversión: Las personas con un estilo influenciador suelen ser extrovertidas y sociables. Estudios de neurociencia han demostrado que estos individuos tienen una mayor activación en áreas cerebrales asociadas con la recompensa social cuando interactúan con otros [Fuente: Schilbach et al., 2010].

Comunicación Expresiva: La investigación en lenguaje corporal ha revelado que los individuos influenciadores utilizan gestos y expresiones faciales más expresivos durante la comunicación. Esto contribuye a su habilidad para conectar con los demás [Fuente: Hertenstein et al., 2009].

Adaptabilidad y Persuasión: Estudios en psicología social han identificado que las personas con un estilo influenciador suelen ser hábiles en la persuasión y la adaptación a diferentes situaciones sociales [Fuente: Cialdini, 2001].

Cómo Comunicarse con el Estilo Influenciador:

Fomentar la Interacción Social: La investigación en comunicación sugiere que las personas con un estilo influenciador valoran las interacciones sociales positivas. Fomentar un ambiente amigable y abierto facilita la comunicación efectiva [Fuente: Berger & Calabrese, 1975].

Permitir la Expresión de Ideas: Los individuos influenciadores a menudo tienen muchas ideas y opiniones. Escuchar activamente y permitir que compartan sus pensamientos puede ser beneficioso [Fuente: Burgoon et al., 1996].

Ventajas del Estilo Influenciador:

Habilidad para Construir Relaciones: La sociabilidad y la expresión emocional de las personas influenciadoras les ayudan a construir y mantener relaciones interpersonales sólidas [Fuente: Reis et al., 2010].

Persuasión Efectiva: Su capacidad para persuadir y convencer a los demás les proporciona ventajas en áreas como ventas, marketing y negociación [Fuente: Petty & Cacioppo, 1986].

Inconvenientes del Estilo Influenciador:

Riesgo de Superficialidad: La necesidad de agradar y ser aceptado puede llevar a un comportamiento superficial.

Esto puede dificultar la profundización en relaciones [Fuente: Baumeister et al., 2001].

Poca Toma de Decisiones Racionales: La búsqueda constante de la aprobación social puede influir en la toma de decisiones impulsivas en lugar de basarse en el análisis lógico [Fuente: Tice et al., 2004].

En resumen, el estilo de conducta Influenciador en el modelo DISC ha sido objeto de investigación científica que respalda sus características y patrones de comportamiento. Aunque presenta ventajas en términos de construcción de relaciones y persuasión, también conlleva desafíos, como la tendencia a la superficialidad y la toma de decisiones impulsivas.

Comprender y adaptarse a las preferencias de comunicación y comportamiento de las personas con este perfil puede mejorar significativamente las interacciones interpersonales y laborales.

Te presento a Isabel, la alegría de su casa, una profesional de las ventas cuya personalidad en gran medida encaja con el perfil "I" del DISC. Acércate a su vida de una forma imparcial y sin darte prisa a juzgarla. Lo que observes puede ayudarte mucho a comprender cómo interactuar con personas con este tipo de personalidad.

5 "EL ESPÍRITU AMARILLO: CREATIVIDAD Y CAOS"

"¡Cómo mola Isabel!"

Era casi imposible que Isabel le cayera mal a nadie. Era un persona positiva y amigable por naturaleza.

Isabel, apodada "La Alegría de la Fiesta", era una figura icónica en su campo profesional. Su personalidad amarilla del DISC la convertía en una persona creativa y apasionada que irradiaba energía en cualquier entorno. Su naturaleza dispersa y caótica a menudo la llevaba a situaciones cómicas, pero también inyectaba un enfoque fresco y lleno de vida en su trabajo.

En la empresa en la que trabajaba, una multinacional que empezó siendo una empresa familiar, todos conocían a Isabel como la fuente inagotable de ideas creativas que desafiaban las convenciones.

En una ocasión, durante una reunión de estrategia de marketing, propuso un enfoque completamente poco convencional. Su idea era crear un anuncio de televisión que presentara un desfile de pingüinos como metáfora de la diversidad y la unidad en la empresa. Al principio, muchos de sus colegas dudaron de la viabilidad de la propuesta. Sin embargo, la tenacidad y la pasión de Isabel la llevaron a convencer al equipo de que era una idea brillante.

A medida que la producción avanzaba, hubo momentos de caos en los que los pingüinos se escaparon, causando risas y confusión. A pesar de los desafíos, Isabel mantuvo su espíritu positivo y siguió adelante. El anuncio se emitió en televisión y generó una sorprendente ola de publicidad positiva. Los clientes y la audiencia quedaron encantados con la originalidad de la idea, y la empresa cosechó elogios y premios a nivel nacional.

Aunque su creatividad era innegable, el estilo caótico de Isabel a veces daba lugar a situaciones cómicas. En una ocasión, estaba bien preparada para una importante presentación ante un cliente clave. Sin embargo, el día de la reunión, la encontraron buscando frenéticamente sus notas en su escritorio desordenado. "¡Mierda, mierda, mierda!" se la oía lamentarse por toda la oficina. El reloj avanzaba inexorablemente, y la tensión en la sala aumentaba.

Isabel, en lugar de entrar en pánico, decidió dar un giro inesperado a la situación. Sin sus notas, comenzó a improvisar una presentación que se convirtió en un espectáculo en sí misma. Utilizó su encanto natural, compartió anécdotas divertidas y mantuvo al cliente involucrado y entretenido. A medida que la presentación avanzaba, la sala se llenó de risas, y el cliente, inicialmente molesto por el retraso, terminó firmando un contrato con una sonrisa.

A pesar de sus peculiaridades y su enfoque no convencional, Isabel seguía siendo una fuente de inspiración en su empresa y en su vida personal. Su habilidad para pensar *out of the box* y abrazar el caos con alegría la convertía en un ser de luz llena de creatividad y positividad. Isabel no solo desafiaba las normas, sino que también las abrazaba con una sonrisa contagiosa, dejando una huella imborrable en todos los que tenían el placer de conocerla.

En su vida amorosa, Isabel también reflejaba su personalidad luminosa de manera única. Su relación con su pareja, Carlos, era un verdadero torbellino de emociones y aventuras. Desde el momento en que se conocieron, Isabel dejó claro que su vida amorosa sería tan colorida y espontánea como ella misma.

La relación de Isabel y Carlos estaba llena de sorpresas y momentos inolvidables. A menudo, Isabel sorprendía a Carlos con gestos románticos que jamás habría esperado. Una tarde, organizó un picnic en el parque con una variedad de platos deliciosos y una banda de música en vivo. Carlos quedó perplejo y admirado por la creatividad y el esfuerzo que Isabel había puesto en la sorpresa. "Lo que no consiga Isabel..."

Sin embargo, su naturaleza dispersa a veces causaba situaciones cómicas en su vida de pareja. En más de una ocasión, olvidó compromisos importantes o llegó tarde a citas románticas debido a su falta de atención a los detalles. Una vez, planeó una cena romántica en casa y olvidó comprar ingredientes esenciales para la cena. Afortunadamente, su entusiasmo y sentido del humor hicieron que la cena improvisada fuera un éxito, y ambos compartieron risas por la situación.

Isabel también tenía una habilidad única para transformar los momentos cotidianos en aventuras emocionantes. Una tarde, decidió llevar a Carlos a un viaje sorpresa. Sin darle ninguna pista, lo llevó a un parque de atracciones y pasaron el día montando en montañas rusas y disfrutando de golosinas. Aunque Carlos no sabía qué esperar, se dejó llevar por la emoción de la experiencia.

La espontaneidad de Isabel a veces causaba desafíos en la relación. Carlos, que tenía un enfoque mucho más estructurado y organizado en la vida, a veces se sentía abrumado por la falta de planificación de Isabel. Discutían ocasionalmente sobre la gestión del tiempo y las responsabilidades compartidas en la relación. Para Carlos, Isabel era La Desastre, porque en ocasiones era terrible como un fenómeno de la naturaleza que arrasa con todo a su paso.

A pesar de estos desafíos, la relación de Isabel y Carlos era apasionada y llena de amor. Aprendieron a encontrar un equilibrio entre la espontaneidad y la planificación, lo que enriqueció su vínculo. Carlos admiraba la creatividad y la alegría que Isabel aportaba a su vida, y ella valoraba la estabilidad y el apoyo que él le proporcionaba.

En resumen, la vida de pareja de Isabel, "La Alegría de la Fiesta", era un torbellino de emociones y aventuras. A pesar de las situaciones cómicas y los desafíos ocasionales, su relación con Carlos estaba llena de amor, creatividad y momentos inolvidables. Ambos aprendieron a aceptar y apreciar las diferencias en sus personalidades, lo que fortaleció su conexión y los hizo más fuertes juntos.

Isabel era una madre extraordinaria, caótica, pero presente. Su personalidad exhuberante se reflejaba plenamente en su relación con sus dos hijos, Marta y Alejandro. Para ellos, cada día era una aventura emocionante llena de risas y momentos inolvidables.

Desde una edad temprana, Isabel había inculcado en sus hijos un amor por la creatividad y la espontaneidad. Juntos, solían embarcarse en aventuras familiares inesperadas. En lugar de planes estructurados, sus fines de semana estaban llenos de sorpresas. En una ocasión, decidieron hacer un viaje por carretera sin rumbo fijo, deteniéndose en lugares interesantes que encontraban en el camino. Fue un viaje lleno de descubrimientos y risas.

Isabel también alentaba la imaginación de sus hijos. Les animaba a crear arte, inventar historias y actuar en pequeñas obras de teatro improvisadas. Con frecuencia convertían el salón en un escenario improvisado y actuaban para toda la familia. Era siempre un espectáculo caótico pero lleno de alegría y energía que todos disfrutaban.

Sin embargo, la naturaleza dispersa de Isabel también tenía su lado cómico en la crianza de sus hijos. A veces, olvidaba las fechas de las reuniones escolares o se perdía en detalles irrelevantes mientras intentaba organizar eventos familiares. En una ocasión, planeó una fiesta de cumpleaños para Alejandro y, en medio de la celebración, se dio cuenta de que había olvidado encender las velas del pastel. La risa fue la respuesta de todos, incluida Isabel.

A medida que sus hijos crecían, Isabel seguía siendo una madre llena de energía y emoción. Les animaba a perseguir sus pasiones y a no tener miedo de ser ellos mismos. Marta, la hija mayor, heredó la creatividad de su madre y se convirtió en una artista talentosa. Alejandro, por otro lado, desarrolló un amor por la música y la actuación.

A pesar de la espontaneidad y las ocasiones caóticas, Isabel se esforzaba por equilibrar la diversión con la responsabilidad. Ayudaba a sus hijos con la tarea, les enseñaba la importancia de la autenticidad y fomentaba una comunicación abierta. Intentaba estar presente para apoyarlos en sus desafíos y celebrar sus logros. Aunque era famosa por no conseguirlo siempre, entre saraos, eventos, reuniones, y festivales varios.

En resumen, la relación de Isabel con sus hijos era una mezcla única de aventura, creatividad y amor incondicional. A pesar de los momentos cómicos y los desafíos de la crianza, Marta y Alejandro crecieron con un profundo aprecio por la espontaneidad y la alegría que su madre les había transmitido. Isabel dejó una huella imborrable en la vida de sus hijos, inspirándolos a abrazar la vida con entusiasmo y pasión.

La personalidad amarilla de Isabel se reflejaba no solo en su vida profesional y familiar, sino también en su relación con sus padres, hermanos, cuñados y amigos. Para todos ellos, Isabel era un rayo de sol constante, y su presencia siempre añadía un toque de alegría y entusiasmo a cualquier reunión.

En las reuniones familiares, Isabel solía ser el centro de atención. Su naturaleza extrovertida la convertía en la anfitriona perfecta. Organizaba fiestas sorpresa, parrilladas en el jardín y reuniones temáticas que nadie quería perderse. En una ocasión, preparó una cena mexicana completa, con mariachis en vivo y un concurso de baile improvisado. Todos estaban encantados con su capacidad para crear momentos memorables.

Sin embargo, su espontaneidad también podía llevar a situaciones inesperadas. En una fiesta de cumpleaños de su hermano, se le ocurrió la idea de organizar una carrera de sacos en el jardín. Lo que comenzó como una actividad divertida terminó con una carrera épica que involucró a todos, desde los niños hasta los adultos. Hubo risas, caídas y momentos cómicos que todos recordarían durante años.

Con sus amigos, Isabel era conocida como "La Reina de las Sorpresas". Siempre estaba ideando planes emocionantes y aventuras espontáneas. En una ocasión, organizó una excursión sorpresa a una montaña cercana para ver la puesta de sol. Nadie sabía a dónde los estaba llevando hasta que llegaron a la cima y se encontraron con un espectáculo de luces deslumbrante. Fue un momento mágico que todos agradecieron a Isabel.

A pesar de su naturaleza dispersa, Isabel siempre estaba presente para apoyar a su familia y amigos en momentos difíciles. Cuando su hermano pasó por una crisis personal, Isabel organizó una reunión familiar sorpresa para demostrarle su apoyo incondicional. Fue un gesto que conmovió a todos y fortaleció los lazos familiares.

Por supuesto, también hubo momentos cómicos relacionados con su falta de atención a los detalles. En una cena de Navidad, Isabel olvidó comprar el postre y, en lugar de entrar en pánico, improvisó un concurso de cocinar y decorar galletas. Todos se divirtieron decorando sus propias galletas y riendo por la situación inesperada.

En efecto, la vida de Isabel estaba llena de aventuras, risas y momentos inolvidables, tanto en su relación con su familia como con sus amigos. A pesar de las situaciones cómicas y los desafíos que su personalidad poderosa podía traer, Isabel era una fuente constante de alegría y positividad en la vida de quienes la rodeaban. Su capacidad para crear momentos especiales y su apoyo incondicional la convertían en un tesoro en el corazón de todos.

La positividad innata de Isabel coloreaba su percepción de la empresa y la vida en general. Veía cada desafío como una oportunidad y cada obstáculo como un trampolín hacia el éxito. Su enfoque constante en el lado luminoso de la vida la hacía inmune a los malos rollos y a las tensiones que pudieran surgir en las relaciones laborales o personales. Para Isabel, la vida era un constante carrusel de risas y aventuras, y su energía inagotable la impulsaba a seguir adelante sin importar las dificultades.

Sin embargo, a veces, su enfoque tan positivo también la hacía ignorar los riesgos potenciales en las relaciones o en la toma de decisiones en la empresa. No siempre prestaba atención a los avisos de que era necesario "recoger vela". Su deseo de explorar nuevos horizontes y su espíritu aventurero a veces la llevaban a situaciones inesperadas.

Isabel era una creyente firme en que, con una sonrisa en el rostro y un corazón abierto, cualquier desafío podía convertirse en una oportunidad para aprender y crecer.

6 "VIVIENDO AMARILLO: DESAFÍOS Y DISTRACCIONES"

Isabel, conocida como "La Alegría de la Fiesta," era una figura destacada en su campo profesional debido a su personalidad amarilla del DISC. Sin embargo, esta personalidad alegre y creativa también le planteaba desafíos en su vida laboral.

Uno de los desafíos más notables era su constante búsqueda de nuevas ideas y proyectos emocionantes. Siempre estaba persiguiendo oportunidades y esto a veces la llevaba a dispersarse en múltiples direcciones. En una ocasión, mientras trabajaba en un proyecto de marketing crucial, se le ocurrió la idea de lanzar una campaña de redes sociales completamente nueva. A pesar de que el proyecto actual era prioritario, no pudo resistirse a la emoción de su nueva idea y desvió su atención, lo que generó retrasos y confusión en el equipo. Esto causó estragos en la planificación y la ejecución del proyecto, y su jefe tuvo que intervenir para redirigir el enfoque hacia la tarea principal.

Otro desafío era su falta de atención al detalle. Isabel tenía la tendencia a pasar por alto los aspectos más minuciosos de un proyecto o tarea, lo que a veces resultaba en errores evitables. En una presentación importante ante un cliente, por ejemplo, olvidó revisar un informe crucial y cometió un error en los números. Aunque su encanto y habilidad para improvisar ayudaron a suavizar la situación, este incidente la hizo darse cuenta de la importancia de prestar atención a los detalles. Su equipo tuvo que trabajar horas extras para corregir el error y garantizar que el cliente estuviera satisfecho.

Su espontaneidad también la llevaba a tomar decisiones impulsivas sin considerar todas las consecuencias. En una reunión de estrategia, por ejemplo, sugirió lanzar una promoción de ventas masiva sin evaluar completamente los costos asociados. La idea fue emocionante en ese momento, pero posteriormente causó problemas financieros que la empresa tuvo que abordar. Esto llevó a discusiones y tensiones en el equipo de liderazgo, y la empresa tuvo que tomar medidas para mitigar los daños financieros.

Estos desafíos en su personalidad a menudo generaban complicaciones en su vida profesional. A pesar de su capacidad para inspirar y emocionar, Isabel tuvo que aprender a equilibrar su pasión y creatividad con una mayor atención a los detalles y una planificación más cuidadosa. Sus desafíos a menudo servían como recordatorios de la importancia de la planificación y la evaluación cuidadosa antes de tomar decisiones impulsivas.

El jefe de Isabel, un individuo con un perfil DISC Verde, tenía una relación compleja con su personalidad exuberante y llena de energía. Aunque valoraba su creatividad y su capacidad para inspirar al equipo, también había aspectos de su estilo amarillo que lo exasperaban en más de una ocasión.

Una de las cosas que el jefe detestaba era la tendencia de Isabel a iniciar nuevos proyectos sin una planificación adecuada. En una ocasión, durante una importante reunión de estrategia, Isabel irrumpió con una idea emocionante para una campaña de marketing completamente nueva. Aunque su entusiasmo era contagioso, el jefe sabía que esto podía generar caos si no se manejaba con cuidado. Él prefería un enfoque más metódico y estaba molesto porque esta iniciativa podría desviar recursos de proyectos actuales que requerían atención inmediata. Esta discrepancia en la forma de abordar los proyectos a veces generaba fricciones en el equipo.

Otro aspecto que el jefe encontraba difícil de manejar era la falta de atención al detalle de Isabel. A menudo cometía errores en informes y presentaciones debido a su tendencia a pasar por alto los detalles más pequeños. En una ocasión, durante una reunión con un cliente importante, Isabel olvidó revisar un informe crucial y presentó información incorrecta. Aunque logró salir airosa de la situación con su carisma y habilidad para improvisar, el jefe sabía que este tipo de errores eran inaceptables en un entorno empresarial de alto nivel. Esta falta de precisión a veces generaba frustración y tensión en el equipo.

La impulsividad de Isabel se unía a su tendencia a la exageración. Su jefe no llevaba tan bien esa tendencia a intensificar todo tanto. Desde el mismo tono de voz de Isabel, que solía ser muy elevado, casi estridente a veces.

Isabel tenía la tendencia a tomar decisiones rápidas y emocionales sin considerar todas las consecuencias. Y a perder el foco con facilidad.

Una cosa es que a Isabel le costara mantener el foco. Otra que le preocupaba a un poco más a su jefe era que sin quererlo, y con la mejor intención, en las reuniones Isabel tenía el poder de desviar la atención de cosas importantes. Y a él le costaba luego Dios y ayuda volver a encauzar las reuniones.

El jefe se frustraba cuando Isabel, en su afán por mantener un ambiente ameno y festivo en la oficina, a menudo interrumpía reuniones y discusiones serias con chistes y ocurrencias. En una reunión importante con un cliente potencial, Isabel comenzó a contar una anécdota cómica que, aunque divertida, desvió la atención del tema central. El jefe sabía que en ciertas situaciones, la seriedad y la concentración eran esenciales para lograr los objetivos, y esta tendencia de Isabel a introducir la diversión en momentos inoportunos podía ser perjudicial.

En una reunión estratégica, por ejemplo, propuso lanzar una promoción de ventas masiva sin evaluar completamente los costos asociados. Esta idea que a ella le parecía mega ilusionante generó preocupación en el jefe, quien prefería un enfoque más cauteloso y basado en datos. La impulsividad de Isabel a veces lo hacía sentir que tenía que actuar como un "freno de emergencia" para evitar decisiones apresuradas que podrían tener repercusiones negativas en la empresa.

A pesar de estos desafíos, el jefe sabía de sobra el valor de Isabel en el equipo. Su creatividad y su capacidad para inspirar a otros eran activos importantes para la empresa. Sin embargo, también sabía que era importante equilibrar su estilo a veces excesivo con un enfoque más metódico y una consideración cuidadosa de los detalles.

Admiraba de Isabel su capacidad para romper el hielo y crear un ambiente relajado a menudo facilitaba la comunicación y las relaciones con los clientes y otros miembros del equipo. Además, Isabel tenía un don para motivar a su equipo y elevar el ánimo de todos en la oficina en días difíciles.

La relación entre Isabel y su jefe era una danza constante entre la creatividad y la estructura, la espontaneidad y la planificación, la diversión y la seriedad. Aunque a veces chocaban debido a sus diferencias en la forma de abordar el trabajo, ambos reconocían que estas discrepancias eran lo que aportaba riqueza y diversidad al equipo. Aprendieron a complementarse mutuamente, aprovechando las fortalezas de cada uno y minimizando las debilidades.

La personalidad efervescente de Isabel a menudo llevaba a conflictos en su matrimonio con Carlos. Ella era conocida por su espontaneidad y amor por las sorpresas. En una ocasión, organizó una fiesta sorpresa en casa para celebrar el aniversario de ambos Sin embargo, Carlos, que tenía una personalidad más reservada y apreciaba la tranquilidad en casa, se sintió abrumado por la repentina invasión de amigos y música a todo volumen. La diferencia en sus preferencias para celebrar los momentos especiales a veces causaba fricciones.

Otro desafío recurrente era la falta de estructura y planificación en la vida de Isabel. A menudo, se olvidaba de las tareas domésticas y las responsabilidades compartidas en el hogar. Carlos, quien valoraba la organización y la responsabilidad compartida, se sentía frustrado por tener que asumir una carga adicional en el hogar. Una vez, después de una semana de caos en casa, Carlos expresó su frustración a Isabel, lo que desencadenó una discusión acalorada sobre la distribución de tareas.

La comunicación era otro punto de tensión en su relación. Isabel, con su personalidad amarilla, a menudo compartía sus pensamientos y emociones de manera efusiva y a menudo en momentos inoportunos. Carlos, más reservado, se sentía abrumado por la intensidad emocional de Isabel en situaciones que él consideraba innecesarias. En una cena con amigos, por ejemplo, Isabel comenzó a compartir anécdotas muy íntimas embarazosas, lo que hizo que Carlos se sintiera incómodo y avergonzado. Esas cosas le dolían sobremanera.

Además, la tendencia de Isabel a posponer las decisiones importantes también generaba tensión en su relación. Carlos era una persona que prefería abordar los problemas de manera oportuna y tomar decisiones informadas. Sin embargo, Isabel tendía a procrastinar y evitar enfrentar problemas difíciles. Esta diferencia de enfoque llevó a desacuerdos en temas importantes, como la planificación financiera y las decisiones sobre la educación de sus hijos.

El estilo intenso de Isabel, marcado por su espontaneidad, falta de estructura y comunicación de alto voltaje generaba fricciones en su matrimonio con Carlos. Estos desafíos no eran insuperables, pero dejan ver cómo esas diferencias en los estilos de comportamiento influían en sus relaciones personales y matrimoniales. La vida de Isabel estaba llena de alegría y creatividad, pero también de desafíos que ambos tuvieron que abordar a lo largo de su matrimonio.

La personalidad efervescente de Isabel, con su naturaleza amarilla en el perfil DISC, a menudo le generaba desafíos internos que la llevaban a una montaña rusa emocional. Aunque irradiaba alegría y entusiasmo, también enfrentaba luchas internas que reflejaban su estilo de comportamiento.

Uno de los desafíos más significativos para Isabel era su tendencia a dispersarse en muchas direcciones diferentes. Siempre estaba buscando emociones nuevas y aventuras emocionantes, lo que la llevaba a comenzar proyectos y actividades sin terminar los anteriores. Esta falta de enfoque y seguimiento en sus objetivos personales y profesionales a menudo la dejaba sintiéndose abrumada y frustrada consigo misma. A pesar de sus buenas intenciones, Isabel solía prometer más de lo que podía cumplir, lo que la hacía sentirse decepcionada y agotada.

Su espontaneidad también la llevaba a momentos de impulsividad que lamentaba después. En un intento de aprovechar al máximo la vida, a veces tomaba decisiones precipitadas sin considerar las consecuencias a largo plazo. Esto incluía compras impulsivas, compromisos sociales repentinos y cambios en su carrera profesional que no siempre resultaban como ella esperaba. Estos episodios de arrepentimiento la llenaban de autocrítica y la hacían cuestionar su capacidad para tomar decisiones informadas.

La intensidad emocional de Isabel también era una fuente de conflicto interno. Aunque disfrutaba compartiendo sus emociones con los demás, a veces se sentía abrumada por sus propios sentimientos. Su alegría era contagiosa, pero también experimentaba emociones negativas de manera profunda. Cuando se sentía triste o preocupada, luchaba por mantener su positividad característica. Esta discrepancia entre su exterior radiante y su interior emocional a menudo la hacía sentirse inauténtica, como si estuviera ocultando sus verdaderos sentimientos.

Los despistes de Isabel eran casi legendarios. Su gente en la oficina llamaba a olvidarse de algo importante "hacer un Isabel". "No me vayas a hacer un Isabel, Paco, que nos conocemos". A menudo pasaba por alto pequeñas cosas en su vida personal y profesional, desde detalles importantes en su trabajo hasta recordatorios de eventos importantes. Esto la llevaba a enfrentar problemas como la falta de cumplimiento de plazos y la falta de seguimiento de tareas importantes. La sensación de estar siempre corriendo para ponerse al día la hacía sentirse estresada y poco organizada.

A pesar de estos desafíos internos, lo que más pesaba en Isabel era su constante deseo de ser aceptada y amada por todos. A veces, su necesidad de agradar y su deseo de ser el centro de atención la llevaban a situaciones incómodas. Temía que, si no era siempre la persona más divertida y positiva en el grupo, los demás dejarían de apreciarla. Esta preocupación constante por la opinión de los demás generaba una presión interna que la hacía sentirse agotada y ansiosa.

En resumen, la personalidad amarilla de Isabel, llena de energía y entusiasmo, también le presentaba desafíos internos. Su tendencia a dispersarse, su impulsividad ocasional, su intensidad emocional, su falta de atención al detalle y su necesidad de agradar eran luchas internas que enfrentaba a lo largo de su vida. Estos desafíos la llevaron a un viaje de autoconocimiento y crecimiento personal para equilibrar su vibrante personalidad con una mayor estabilidad emocional y autenticidad.

Tensiones en la familia.

Uno de los problemas principales que surgía con sus hijos era la falta de estructura y límites claros en la vida cotidiana. Isabel estaba tan enfocada en mantener un ambiente alegre y lleno de emoción que a menudo pasaba por alto la importancia de establecer rutinas y horarios regulares. Esto llevaba a que sus hijos tuvieran dificultades para cumplir con las responsabilidades escolares y domésticas. A veces, se sentían abrumados por la falta de organización y estructura en su hogar.

La espontaneidad de Isabel también causaba problemas en la relación con sus hijos. A menudo, planeaba actividades emocionantes y aventuras de último minuto, lo que podía interferir con los compromisos y horarios de sus hijos. Esto generaba frustración y resentimiento, ya que sus hijos a veces se veían obligados a cancelar planes preexistentes para seguir el ritmo de su madre. Esta falta de previsibilidad y consistencia en su vida cotidiana les hacía sentir que no podían depender de ella.

Otro desafío que enfrentaban los hijos de Isabel era su necesidad constante de ser el centro de atención. Siempre estaba buscando nuevas formas de entretener y sorprender a sus hijos, lo que a veces los hacía sentir abrumados. Sentían que debían mantenerse constantemente a la altura de sus expectativas para mantener contenta a su madre. Esta presión constante para ser emocionantes y entretenidos les generaba ansiedad y agotamiento emocional.

El coste de sus despistes se extendía a su relación con sus hijos. A menudo olvidaba eventos importantes en la vida de sus hijos o no prestaba atención a los detalles de sus preocupaciones y necesidades. Esto los hacía sentir no valorados y pasados por alto, lo que causaba resentimiento y distancia en la relación.

A pesar de estos desafíos, Isabel amaba profundamente a sus hijos y siempre estaba dispuesta a hacer cualquier cosa para verlos felices. Sin embargo, era tan difícil para ella aprender a equilibrar su entusiasmo y espontaneidad con la estabilidad y la estructura que sus hijos necesitaban para crecer de manera saludable.

La personalidad vibrante y desbordante de Isabel, conocida como "La Alegría de la Fiesta," no solo influía en su vida profesional y familiar, sino que también generaba desafíos en sus relaciones con amigos, padres, hermanos y cuñados. A pesar de su naturaleza encantadora, su personalidad amarilla a veces causaba tensiones y malentendidos en su círculo social.

Con sus amigos, Isabel era la reina de la espontaneidad. Siempre estaba dispuesta a organizar fiestas sorpresa, viajes improvisados y aventuras inesperadas. Si bien esto podía ser emocionante, también generaba frustración en algunos de sus amigos que preferían una planificación más estructurada. Había ocasiones en las que Isabel organizaba eventos sin previo aviso, lo que a veces resultaba incómodo para aquellos que ya tenían compromisos.

En su relación con sus padres, la personalidad amarilla de Isabel a menudo chocaba con la mentalidad más tradicional de sus progenitores. Sus padres valoraban la estabilidad y la previsibilidad, mientras que Isabel estaba más enfocada en la emoción y la diversión. Esto generaba conflictos sobre temas como la elección de carreras, el estilo de vida y las decisiones personales.

Con sus hermanos y cuñados, Isabel tenía una relación llena de altibajos. A menudo, su entusiasmo y su necesidad de atención podían ser agotadores para ellos. Había ocasiones en las que sus hermanos sentían que su personalidad avasalladora eclipsaba sus propias vidas y logros. Sin embargo, también reconocían su corazón amoroso y su deseo genuino de hacer que todos se divirtieran.

En su círculo social, Isabel era conocida por ser la amiga que siempre estaba lista para una aventura. Sin embargo, su tendencia a la espontaneidad a veces hacía que sus amigos se sintieran abrumados. Había situaciones en las que sus amigos preferían una planificación más estructurada y se sentían atrapados en sus planes impredecibles.

A pesar de estos desafíos, la personalidad de Isabel también tenía un lado positivo. Su habilidad para inspirar a otros y su capacidad para sacar lo mejor de la gente eran cualidades admiradas por muchos. A pesar de los altibajos en sus relaciones, su círculo social apreciaba su energía contagiosa y su capacidad para hacer que cada momento se sintiera especial.

La personalidad amarilla de Isabel, llena de entusiasmo y espontaneidad, era su mayor súper poder y su mayor maldición en sus relaciones con amigos, padres, hermanos y cuñados. Sus impulsos espontáneos a veces chocaban con las preferencias y expectativas de los demás, lo que generaba tensiones y malentendidos que empezaban a pesarle más de lo que le gustaba admitir ante ella misma.

7 "AMARILLO EN CRISIS: BUSCANDO EL ENFOQUE"

Isabel, "La Alegría de la Fiesta," se encontraba en una encrucijada en su vida profesional. Aunque su personalidad amarilla del DISC la había llevado lejos en términos de creatividad y entusiasmo, también había experimentado desafíos en la organización y la gestión de sus emociones en el trabajo.

Un día, mientras buscaba soluciones para mejorar su enfoque profesional, tuvo la oportunidad de asistir a una conferencia en Madrid que cambiaría su perspectiva y la llevaría a un nuevo camino de desarrollo personal y profesional.

La conferencia en cuestión estaba a cargo de un experto en inteligencia emocional llamado Nathan Manzaneque. Nathan tenía una reputación en el mundo del bienestar organizacional y el desarrollo personal, y su charla se centraba en cómo utilizar la inteligencia emocional para comprender y gestionar los diferentes estilos de personalidad según el DISC.

Durante la conferencia, el ponente explicó cómo el conocimiento de los perfiles DISC podía ayudar a las personas a mejorar sus relaciones interpersonales, su comunicación y su capacidad para gestionar conflictos en el entorno laboral. Habló de cómo cada estilo de personalidad tenía sus propias fortalezas y debilidades, y cómo la inteligencia emocional podía ayudar a aprovechar esas fortalezas y abordar las debilidades de manera efectiva.

Isabel quedó impresionada por las posibilidades que se abrían ante sí. Las palabras que había escuchado palabras resonaron en ella, y se dio cuenta de que esto era exactamente lo que necesitaba para abordar sus desafíos en el trabajo y en su vida personal. Después de la conferencia, se acercó al ponente y le pidió más detalles. Le pidió bibliografía para comprender mejor las combinaciones de perfiles DISC, cómo percibe cada estilo de conducta las seis necesidades humanas básicas, sus criterios para satisfacerlas, su composición emocional típica, y su gestión emocional.

El ponente intentó darle la mayor cantidad de información de valor en los casi quince minutos que estuvieron hablando. Al regresar a su empresa, Isabel no podía quitarse de la cabeza la idea de traer a este conferenciante a su lugar de trabajo para dar una formación sobre inteligencia emocional y el DISC. Sabía que esta formación podría ser transformadora para su equipo y para ella misma. Le propuso la idea a su jefe, argumentando que la inversión en el desarrollo de habilidades emocionales mejorarían la eficacia de la empresa.

Para su sorpresa, su jefe estuvo de acuerdo con la idea y pronto se pusieron en contacto con Nathan para organizar la formación. Mientras esperaban la fecha de la formación, Isabel se sumergió en la investigación sobre inteligencia emocional y el DISC. Comenzó a leer libros y artículos, escuchó todos los episodios de podcast del ponente, y buscó recursos online que pudieran ayudarla a comprender mejor estos conceptos. Se leyó el libro LIDERAZGO COMPASIVO en dos fines de semana. Y se dio cuenta que quería más. Quería crecer, liderarse a sí misma mejor, y convertirse en una líder que aportara valor a los demás y creciera en su carrera mientras disfrutaba del camino.

A medida que profundizaba en el tema, Isabel se dio cuenta de que había áreas en las que su estilo amarillo del DISC la beneficiaba enormemente, como su capacidad para inspirar a los demás y su habilidad para adaptarse a situaciones cambiantes. Sin embargo, también era consciente de sus desafíos, como su tendencia a no prestar atención a los detalles y a distraerse fácilmente.

Con esta nueva conciencia, Isabel trazó un plan de acción para mejorar sus habilidades de inteligencia emocional y abordar sus debilidades. Empezó a practicar la atención plena para mantenerse enfocada en el presente y a establecer recordatorios y listas de tareas para mejorar su organización en el trabajo. Además, comenzó a ser más consciente de sus propias emociones y a practicar la empatía para comprender mejor las emociones de sus compañeros de trabajo y clientes.

Isabel también se fijó un objetivo ambicioso: quería trabajar de manera más cercana con Nathan Manzaneque como su mentor para profundizar en su conocimiento de la inteligencia emocional y el DISC. Creía que esta experiencia podría ser una oportunidad única para su crecimiento personal y profesional.

Llena de ganas de salir de la zona de confort, se puso a buscar nuevas formas de desarrollar sus habilidades emocionales y a proponer un cambio significativo en su empresa. Con un plan de acción en marcha y un objetivo claro de trabajar con Nathan como mentor, Isabel estaba lista para enfrentar un emocionante viaje de autodescubrimiento y crecimiento.

8 "BRILLO AMARILLO: LA MAGIA DE LA VERSATILIDAD"

La ponencia in-company sobre inteligencia emocional, liderazgo y estilos de conducta con el perfil DISC no solo impactó en la vida profesional de Isabel, sino que también transformó su relación de pareja con Carlos de maneras notables.

Antes de la formación, su relación con Carlos, su esposo, enfrentaba desafíos debido a las diferencias en sus personalidades. Mientras Isabel era extrovertida, creativa y espontánea, Carlos era más reservado y metódico, un perfil verde DISC. Esto a menudo llevaba a malentendidos y conflictos en su relación.

Sin embargo, después de la formación, Isabel comenzó a aplicar sus conocimientos en inteligencia emocional y comprensión de los estilos de conducta en su relación con Carlos. Una de las áreas en las que mejoró significativamente fue la comunicación. Comenzó a escuchar a Carlos de manera más activa y empática, lo que permitió una comunicación más efectiva entre ellos. Los ritmos de Carlos eran mucho más lentos y deliberados que los suyos. A veces tenía que recordarse que le amaba por esa capacidad, que a la vez le sacaba de quicio en ocasiones. Tenía que aprender a sincronizarse con él sin ausentarse mentalmente de la conversación.

Una anécdota memorable tuvo lugar en una cena en la que solían discutir sobre la planificación de las vacaciones familiares. Antes de la formación, estas discusiones a menudo se convertían en disputas debido a las diferencias en la forma de abordar la planificación. Sin embargo, esta vez, Isabel aplicó su habilidad recién adquirida para comprender la perspectiva de Carlos y encontrar un terreno común. Juntos, planificaron unas vacaciones que satisfacían las necesidades de ambos y disfrutaron de un viaje armonioso.

Otro aspecto en el que mejoró su relación de pareja fue la gestión de conflictos. Isabel solía evitar los conflictos y a menudo reprimía sus emociones, lo que a la larga generaba resentimiento. Después de la formación, comenzó a abordar los conflictos de manera más directa pero respetuosa. Decidió que ya nunca más abandonaría una conversación a medias con Carlos. Aunque se pusiera más seria o intensa emocionalmente de lo que ella prefería. Utilizó sus habilidades de comunicación para expresar sus sentimientos y preocupaciones de manera abierta, lo que permitió una resolución más rápida y efectiva de los problemas.

Una noche, después de una discusión sobre las responsabilidades del hogar, Isabel aplicó sus nuevas habilidades. En lugar de evitar el conflicto o ceder sin expresar sus necesidades, se sentó con Carlos y tuvieron una conversación honesta. Ambos compartieron sus perspectivas y llegaron a un acuerdo equitativo sobre cómo dividir las tareas del hogar. Esta nueva forma de abordar los conflictos fortaleció su relación y les permitió sentirse más conectados.

Además, Isabel comenzó a ser más consciente de las necesidades emocionales de Carlos. Antes, a menudo pasaba por alto su necesidad de tiempo a solas para concentrarse en proyectos personales. Después de la formación, comenzó a hacer un esfuerzo consciente para brindarle a Carlos el espacio que necesitaba. Esto fortaleció su relación al permitirles tener tiempo separados para sus propios intereses y luego reunirse con una apreciación renovada el uno al otro.

Una de las anécdotas más conmovedoras fue cuando Isabel sorprendió a Carlos con un fin de semana en la naturaleza, sabiendo que disfrutaba de la tranquilidad y la belleza de los paisajes naturales. Esta acción demostró su empatía y su deseo de satisfacer las necesidades emocionales de Carlos, lo que fortaleció su conexión y amor mutuo.

Trabajar sobre inteligencia emocional, liderazgo y estilos de conducta del perfil DISC tuvo un profundo impacto en la relación de pareja de Isabel y Carlos. A través de una comunicación mejorada, una gestión de conflictos más efectiva y una mayor empatía hacia las necesidades del otro, lograron fortalecer su relación y disfrutar de una vida afectiva más armoniosa y satisfactoria.

Antes de la formación, Isabel solía aplicar un enfoque

sin límites ni estructura en la crianza de sus hijos. Como madre inspiradora, su naturaleza espontánea y creativa chocaba a veces con las demandas de estructura y disciplina que sus hijos necesitaban.

Sin embargo, después de la formación, Isabel comenzó a comprender mejor las necesidades individuales de cada uno de sus hijos y adaptó su enfoque de crianza en consecuencia. Una de las lecciones más importantes que aprendió fue la importancia de la empatía y la comunicación efectiva con sus hijos.

Un ejemplo memorable de este cambio tuvo lugar durante una tarde en la que su hija mayor, Marta estaba teniendo dificultades con la tarea escolar. Antes, Isabel habría reaccionado con frustración y presión para que terminara rápidamente. Pero esta vez, aplicó sus nuevas habilidades y se sentó con Marta para escuchar sus preocupaciones y desafíos. Juntas, encontraron soluciones y desarrollaron un plan de estudio que funcionó para ambas. Este enfoque más empático y colaborativo fortaleció su relación con sus hijos y fomentó un ambiente de apoyo en el hogar.

Otro aspecto en el que Isabel mejoró fue su capacidad para adaptarse a las necesidades cambiantes de sus hijos a medida que crecían. Antes, solía insistir en que sus hijos siguieran sus pasatiempos e intereses, pero después de la formación, comenzó a alentarlos a explorar y desarrollar sus propios talentos y pasiones.

Un ejemplo con su hijo menor, Alejandro ilustra este cambio. Daniel mostró interés en la música y quería aprender a tocar la guitarra. Antes, Isabel habría intentado persuadirlo para que eligiera otro pasatiempo más "práctico". Sin embargo, esta vez, lo apoyó en su deseo y lo inscribió en clases de guitarra. El resultado fue que Alejandro siguió desarrollando su habilidad musical y encontró una fuente de alegría y confianza en sí mismo.

Además, Isabel aplicó sus habilidades de comunicación para fomentar una relación más abierta y honesta con sus hijos. Los alentó a hablar sobre sus emociones y preocupaciones, lo que creó un ambiente en el que se sentían cómodos expresándose y buscando su apoyo cuando lo necesitaban.

En una ocasión, su hijo Alejandro compartió con ella sus inquietudes sobre las presiones académicas. En lugar de minimizar sus preocupaciones o imponer más expectativas, Isabel lo escuchó con empatía y juntos buscaron estrategias para manejar el estrés escolar. Esta experiencia fortaleció la confianza de Alejandro en su madre y en su capacidad para afrontar los desafíos.

En resumen, la formación sobre inteligencia emocional y estilos de conducta del perfil DISC transformó la forma en que Isabel criaba a sus hijos. A través de una mayor empatía, adaptabilidad y comunicación efectiva, mejoró significativamente su relación con sus hijos y les brindó un entorno de apoyo en el que podían crecer y desarrollarse plenamente.

Antes de ser consciente de los estilos de conducta y sus implicaciones, Isabel a menudo se encontraba en situaciones incómodas con amigos y familiares debido a su naturaleza espontánea y caótica. Sus amigos a menudo la percibían como impredecible, y sus familiares la veían como alguien que no se comprometía con responsabilidades familiares o eventos importantes.

Sin embargo, después de la formación, Isabel se esforzó por aplicar sus nuevas habilidades de inteligencia emocional y adaptabilidad en sus relaciones personales. Comenzó a prestar más atención a las necesidades y expectativas de sus amigos y familiares, lo que fortaleció significativamente sus vínculos.

Un ejemplo notable de esta transformación tuvo lugar en una reunión familiar importante: la boda de su prima Sara. Antes de la formación, Isabel habría llegado tarde y desorganizada, causando estrés y preocupación entre los familiares. Pero esta vez, planificó su viaje con antelación, se aseguró de estar lista a tiempo y fue una presencia tranquila y apoyo para la novia. Su familia quedó impresionada por su cambio y apreció su compromiso con el evento.

En su vida social, Isabel también aplicó sus nuevas habilidades para mantener relaciones más sólidas con sus amigos. Antes, podía cancelar planes en el último momento debido a una oportunidad emocionante o una idea creativa. Sin embargo, después de la formación, comenzó a comunicarse de manera más efectiva con sus amigos y a ser más consciente de sus compromisos.

Un ejemplo de esto ocurrió cuando su amiga Carla planeó una cena sorpresa de cumpleaños para su esposo. Antes, Isabel habría cancelado en el último momento debido a una nueva idea o proyecto. Pero esta vez, se aseguró de estar allí y apoyar a su amiga en su evento especial. Esto fortaleció su relación con Carla y demostró su compromiso con sus amigos.

Además, Isabel aprendió a reconocer y gestionar las

emociones de los demás de manera más efectiva. Antes, podía causar tensiones innecesarias al no darse cuenta de cómo sus acciones afectaban a los sentimientos de sus seres queridos. Después de la formación, se volvió más consciente de las señales emocionales y las necesidades de los demás.

Un ejemplo de esta mejora tuvo lugar en una discusión con su hermana María. Antes, Isabel podría haber reaccionado impulsivamente y exacerbado la situación. Pero esta vez, aplicó sus habilidades de inteligencia emocional para escuchar a su hermana y comprender sus preocupaciones. La conversación resultó en una solución constructiva en lugar de una confrontación inútil.

La nueva capacidad mejorada de Isabel para adaptarse, comunicarse y comprender las emociones de los demás la transformó en una presencia más positiva y valiosa en la vida de las personas que la rodeaban.

Isabel se dio cuenta de que, al igual que ella había experimentado un crecimiento significativo en su vida personal y profesional a través de la comprensión de los estilos de conducta y la inteligencia emocional, muchas otras personas podrían beneficiarse de este enfoque. Vio en el coaching una oportunidad para guiar a otros en su camino hacia el autodescubrimiento y el desarrollo personal y profesional.

Comenzó a investigar programas de coaching y formación en inteligencia emocional que le permitieran adquirir las habilidades necesarias para convertirse en un coach certificado. Asistió a seminarios y talleres, y se rodeó de mentores experimentados en el campo. Su determinación y pasión por ayudar a otros la impulsaron a invertir tiempo y recursos en su desarrollo como coach mientras avanzaba en su carrera en ventas. Su jefe la acabada de nombrar Directora Comercial, y había puesto a los demás coordinadores comerciales y sus equipos a su cargo.

BLOQUE 3 - VERDE:

E l estilo de conducta Afable (S) en el modelo DISC se caracteriza por una serie de rasgos y comportamientos que han sido objeto de estudio científico en campos como la psicología y la neurociencia. A continuación, presentaremos una visión general respaldada por datos científicos sobre este perfil:

Características del Estilo Afable (S):

Paciencia y Empatía: Las personas con un estilo afable suelen ser pacientes y empáticas. Estudios de psicología han demostrado que estas personas tienen una mayor activación en áreas cerebrales asociadas con la empatía y la comprensión de las emociones de los demás [Fuente: Singer et al., 2004].

Comunicación Cálida: La investigación en lenguaje corporal ha revelado que los individuos afables utilizan gestos y expresiones faciales que transmiten calidez y comprensión durante la comunicación. Esto contribuye a su habilidad para generar confianza [Fuente: Ambady et al., 2002].

Deseo de Armonía: Estudios en psicología social han identificado que las personas con un estilo afable tienden a valorar la armonía en las relaciones interpersonales y buscan evitar conflictos [Fuente: Tiedens & Fragale, 2003].

Cómo Comunicarse con el Estilo Afable:

Fomentar la Escucha Activa: La investigación en comunicación sugiere que las personas con un estilo afable valoran la escucha activa y la comprensión. Mostrar interés genuino y empatía es esencial [Fuente: Burgoon et al., 1996].

Promover la Colaboración: Los individuos afables a menudo prefieren trabajar en equipos y colaborar en lugar de tomar decisiones de forma autoritaria. Fomentar un entorno colaborativo puede ser beneficioso [Fuente: Weldon & Weingart, 1993].

Ventajas del Estilo Afable:

Construcción de Relaciones Duraderas: La paciencia y la empatía de las personas afables les ayudan a construir relaciones interpersonales sólidas y duraderas [Fuente: Reis et al., 2010].

Ambiente Laboral Armonioso: Su deseo de armonía contribuye a crear un ambiente de trabajo pacífico y colaborativo, lo que puede aumentar la satisfacción de los empleados [Fuente: Jehn, 1995].

Inconvenientes del Estilo Afable:

Evitación del Conflicto: El deseo de evitar conflictos a toda costa puede llevar a una falta de confrontación y dificultades para abordar problemas difíciles [Fuente: Kray et al., 2017].

Dificultad en la Toma de Decisiones Rápidas: La tendencia a buscar consenso puede retrasar la toma de decisiones en situaciones que requieren rapidez [Fuente: Mannix & Neale, 2005].

En resumen, el estilo de conducta Afable en el modelo DISC ha sido objeto de investigación científica que respalda sus características y patrones de comportamiento. Aunque presenta ventajas en términos de construcción de relaciones y creación de un ambiente laboral armonioso, también conlleva desafíos, como la evitación del conflicto y la dificultad en la toma de decisiones rápidas. Comprender y adaptarse a las preferencias de comunicación y comportamiento de las personas con este perfil puede mejorar significativamente las interacciones interpersonales y laborales.

Vamos a conocer a Samuel El Tranquilo, un tipo genial que, sin conocerte de nada, quiere honestamente ayudarte y que te encuentres bien.

9 "VERDE SIN LÍMITES: UN SÍ CONSTANTE"

Samuel, conocido cariñosamente como "El Tranquilo," era un empleado ejemplar en la empresa en la que trabajaba. Su perfil Verde, caracterizado por su empatía, colaboración y paciencia, lo convertía en el compañero de trabajo ideal para muchos. Sin embargo, esta naturaleza conciliadora

también tenía un lado oscuro que lo estaba afectando más de lo que él mismo se daba cuenta.

En la empresa, Samuel se había ganado la reputación de ser el empleado siempre dispuesto a ayudar. Cuando un colega necesitaba apoyo extra, Samuel estaba allí sin dudarlo. Cuando había tareas que nadie más quería asumir, él las aceptaba con una sonrisa. Esto lo convirtió en el "cargador de peso" de la oficina.

Día tras día, Samuel acumulaba tareas y funciones que no eran suyas, todo porque no era capaz de decir que no. A pesar de que su capacidad para la empatía y la colaboración eran encomiables, su falta de límites estaba comenzando a pasar factura.

Por ejemplo, cuando uno de sus colegas tenía una fecha límite inminente y no había terminado su trabajo, recurría a Samuel en busca de ayuda. Y Samuel, siempre dispuesto a apoyar, aceptaba la tarea adicional sin quejarse. Esto resultaba en noches en vela y estrés constante para él, mientras que su compañero de trabajo se beneficiaba de su generosidad sin asumir las consecuencias de su falta de organización. Samuel se sentía culpable y en su fuero interno empezaba a albergar una irritación hacia los demás compañeros y hacia sí mismo por no decir que no. Y cuando llegaba a casa, su mujer tenía la frase en la boca: "ya te vale Samuel, ¿no? ¿No hay otro tonto que se quede a hacer todo lo que los demás no hacen?"

Otra situación común era cuando surgían conflictos en el equipo. Samuel era el mediador de facto en la oficina. Cuando dos compañeros tenían un desacuerdo, acudían a él para que resolviera la situación. O quizá él mismo se solía ofrecer. Aunque Samuel era hábil en la gestión de conflictos, esta responsabilidad adicional lo hacía sentirse agotado y, a veces, frustrado por tener que lidiar con problemas ajenos.

Lo que nadie en la empresa parecía darse cuenta era que Samuel estaba acumulando una gran cantidad de frustraciones e irritaciones. A pesar de su naturaleza tranquila, el peso constante de las responsabilidades adicionales estaba afectando su bienestar emocional. La falta de límites estaba afectando su calidad de vida y su satisfacción en el trabajo.

La paradoja de "El Tranquilo" era que, a pesar de ser una persona dedicada al bienestar de los demás, rara vez se preocupaba por su propio bienestar. Su compromiso con los demás lo había llevado a sacrificar su propia comodidad y felicidad. Sin embargo, esta tendencia no podía mantenerse indefinidamente sin consecuencias negativas.

Samuel, conocido por su naturaleza conciliadora como "El Tranquilo," llevaba años lidiando con una situación en su vida personal que lo estaba agobiando cada vez más. Su deseo constante de agradar a su pareja y su incapacidad para establecer límites habían creado un desequilibrio en su relación que estaba afectando profundamente su bienestar emocional.

Desde el principio de su relación, Samuel había adoptado un enfoque de complacencia constante. Siempre estaba dispuesto a ceder en las decisiones y deseos de su pareja, tratando de evitar conflictos a toda costa. Este comportamiento, aunque bienintencionado, había establecido un patrón en la relación en el que su pareja asumía que siempre obtendría lo que quería.

El problema surgía cuando Samuel ocasionalmente deseaba que fuera su turno para que su pareja cediera en algún asunto. Sin embargo, cuando intentaba expresar sus deseos o necesidades, se encontraba con una resistencia que no esperaba. Su pareja se había acostumbrado tanto a tener la última palabra que no estaba dispuesta a ceder ni un centímetro de terreno.

Cada vez que Samuel intentaba negociar o expresar sus deseos, se sentía como si estuviera hablando con una pared. Su pareja ignoraba sus peticiones o las descartaba rápidamente sin siquiera considerarlas. Esta falta de reciprocidad y empatía lo hacía sentirse como si fuera una marioneta en su propia relación.

La frustración de Samuel iba en aumento con el tiempo. Aunque en la intimidad siempre ponía de su parte para mantener la armonía en su relación, su pareja hacía lo mínimo por agradarlo. La falta de esfuerzo y la sensación de ser ignorado estaban comenzando a afectar su autoestima y su confianza en la relación.

El conflicto era algo que Samuel deseaba evitar a toda costa, y su pareja lo sabía. Sabiendo que él haría lo que fuera necesario para mantener la paz, continuaba imponiendo su voluntad en todos los aspectos de la relación. Esta dinámica tóxica había creado un ciclo de insatisfacción constante para Samuel.

A pesar de sentirse atrapado en esta situación, Samuel no sabía cómo abordar el problema sin causar conflictos o herir los sentimientos de su pareja. La sola idea de enfrentar la confrontación lo llenaba de ansiedad y temor. Como resultado, seguía callando sus frustraciones y deseos, acumulando cada vez más resentimiento.

En su búsqueda por mantener la armonía y evitar conflictos, Samuel había sacrificado su propia felicidad y bienestar emocional. La falta de equidad en la relación lo estaba afectando profundamente, y su incapacidad para establecer límites y expresar sus necesidades estaba tomando un peaje en su salud mental y emocional.

Y lo peor de todo, su mujer daba muestras de fatiga afectiva porque no soltaba el rol dominante en la relación.

La dinámica familiar en la casa de Samuel reflejaba en gran medida su perfil DISC de Verde. Siempre buscaba la armonía y estaba dispuesto a ceder a las necesidades y deseos de su esposa e hijos. Sin embargo, esta actitud de complacencia constante había creado una situación en la que Samuel se sentía marginado y sin voz en su propio hogar.

Desde que sus hijos entraron en la adolescencia, Samuel comenzó a notar un cambio en su relación con ellos. Antes, solían acudir a él con sus problemas y preocupaciones, buscando consejos y orientación. Sin embargo, a medida que crecían, comenzaron a tratarlo con falta de respeto y desdén. Samuel se sentía como si sus opiniones no fueran valoradas y como si estuviera siendo subestimado.

Los momentos familiares solían estar llenos de tensión, ya que sus hijos parecían estar en constante desacuerdo con él. En lugar de comunicarse abierta y respetuosamente, se dirigían a su madre en busca de apoyo y respaldo. Samuel se sentía excluido y desalentado por la falta de consideración que mostraban hacia él.

Una de las situaciones más frustrantes para Samuel era la forma en que sus hijos parecían imponer su voluntad en asuntos familiares. Tomaban decisiones sin consultar con él y a menudo ignoraban sus sugerencias. Esto lo hacía sentirse como un espectador impotente en su propia casa.

En una ocasión, Samuel trató de organizar una actividad familiar para pasar tiempo juntos, pero sus hijos lo ignoraron por completo y eligieron hacer sus propias cosas. Se sintió herido y despreciado, pero no sabía cómo abordar la situación sin causar conflicto.

La falta de comunicación y la sensación de ser menospreciado lo hicieron sentirse como si fuera un extraño en su propia familia. Ya no compartían sus pensamientos, emociones o preocupaciones con él, y esto lo hacía sentirse aislado y desconectado de sus seres queridos.

La dinámica familiar también se extendía a la toma de decisiones en el hogar. Samuel a menudo se encontraba en desacuerdo con las decisiones de su esposa e hijos, pero rara vez expresaba sus objeciones. Sentía que no quería causar conflictos ni ser el "aguanieve" en casa.

Esta situación lo estaba afectando profundamente. Se sentía inútil y marginado en su propia casa, y la falta de respeto y consideración de parte de sus hijos le causaba un dolor constante. Samuel anhelaba recuperar la conexión y la comunicación con su familia, pero no sabía por dónde empezar.

La personalidad tranquila y conciliadora de Samuel a menudo lo llevaba a ser el blanco perfecto de las demandas y peticiones de sus familiares. Su disposición a ayudar y su naturaleza comprensiva hicieron que muchos de sus parientes consideraran que podían aprovecharse de su amabilidad sin tener en cuenta su propia carga y límites.

Una de las situaciones más frecuentes era la solicitud de ayuda con tareas y responsabilidades que no le correspondían. Su cuñado, siempre en busca de atajos, solía pedirle que hiciera su declaración de impuestos, argumentando que "no le llevaría mucho tiempo" debido a la supuesta facilidad del proceso. Samuel, sin querer entrar en conflictos, accedía a menudo a realizar la tarea, aunque le suponía un esfuerzo significativo y le robaba tiempo que podría haber empleado en asuntos personales o de su propia familia.

La situación no era diferente en el ámbito tecnológico. Su padre y su otra cuñada, que eran prácticamente analfabetos digitales, solían recurrir a Samuel cada vez que tenían problemas con sus computadoras o dispositivos electrónicos. Siempre decían cosas como "Samuel, se me ha desconfigurado el ordenador, ven a mirármelo, seguro que para ti es cuestión de minutos". Aunque Samuel podía resolver los problemas tecnológicos, estas solicitudes constantes comenzaron a hacer mella en su paciencia y tiempo.

La responsabilidad de cuidar a la abuela recaía, una vez más, en Samuel. Siempre estaba más cerca geográficamente de su abuela y tenía un don natural para relacionarse con ella, pero esto llevó a que su familia asumiera que siempre estaría disponible para esta tarea. "Te quedas tú con la abuela, se te da mejor" era un comentario frecuente que Samuel escuchaba, a pesar de sus propios compromisos y responsabilidades.

Incluso las vacaciones familiares se convirtieron en una fuente de estrés para Samuel. Cuando se planeaba un viaje en grupo, Samuel se encontraba a menudo en la posición de "quedarse atrás" para cuidar de su mascota o asumir otras tareas que los demás no deseaban. El sacrificio de sus propios planes y deseos se volvió una constante en su vida.

La falta de límites y la tendencia de Samuel a ceder ante las peticiones de sus familiares comenzaron a afectar su bienestar y su sentido de identidad. Se sentía agotado y resentido por ser siempre el "solucionador de problemas" de la familia, sin que nadie se preocupara por sus propias necesidades y deseos.

10 "EL AGOTAMIENTO VERDE: LIDIANDO CON LA SOBRE-EXTENSIÓN"

"**M**e siento como mantequilla untada sobre demasiado pan". Esta frase de Bilbo Bolsón en "El Hobbit" resonaba constantemente en la mente de Samuel, conocido como "El Tranquilo." A medida que los días avanzaban, Samuel se encontraba atrapado en un ciclo agotador de sobreextensión que estaba minando su salud y bienestar.

En sus primeros años en la empresa de comercio electrónico, Samuel había abrazado su papel con entusiasmo. Su naturaleza conciliadora y empática lo hacía un miembro valioso del equipo, capaz de resolver conflictos y fomentar un ambiente de trabajo armonioso. Sin embargo, a medida que pasaba el tiempo, sus compañeros de trabajo comenzaron a depender cada vez más de él para tareas y responsabilidades que no le correspondían.

La carga de trabajo de Samuel se había vuelto abrumadora. Siempre dispuesto a ayudar, no podía decir que no cuando sus colegas le pedían que se hiciera cargo de proyectos adicionales o tareas que no estaban dentro de su descripción de trabajo. Esta falta de límites comenzó a afectar su capacidad para completar sus propias tareas asignadas y cumplir con sus responsabilidades.

La presión constante y el estrés de sentirse abrumado comenzaron a afectar su salud física y emocional. Todos los días se levantaba con una sensación de pesadez, cansado antes de comenzar el día. A medida que el día avanzaba, sentía un dolor en el pecho que le dificultaba respirar. El trabajo que una vez había amado ahora se había convertido en una carga más pesada que el anillo de Frodo.

A pesar de su dedicación y compromiso, Samuel se dio cuenta de que estaba perdiendo años de su vida en el proceso. Su capacidad para cuidar de sí mismo se había desvanecido en medio de las demandas constantes de los demás. A menudo se preguntaba cuándo había dejado de ser él mismo y se había convertido en un "sí" automático para todos los demás.

El agotamiento que experimentaba comenzó a afectar su rendimiento en el trabajo. Cometía errores que antes nunca había cometido y la calidad de su trabajo comenzaba a deteriorarse. La fatiga constante lo hacía menos eficiente y afectaba su concentración y toma de decisiones.

En su vida personal, Samuel también sufría las consecuencias de su sobreextensión. Sus momentos de tiempo libre se habían vuelto escasos, y cuando los tenía, a menudo estaba tan agotado que no podía disfrutar de ellos. Las actividades que antes le daban alegría habían quedado relegadas a un segundo plano.

Samuel se encontraba en un punto de quiebre. La frase de Bilbo Bolsón seguía resonando en su mente, recordándole que necesitaba tomar medidas para cambiar su situación. A pesar de su perfil tranquilo que valoraba la armonía y las relaciones sobre todas las cosas, Samuel sabía que tenía que aprender a establecer límites y priorizar su propio bienestar, o lo iba a terminar pagando muy caro.

La relación de Samuel con su esposa, María, había sido siempre un refugio de calma y comprensión en medio del caos de su vida. Pero en los últimos tiempos, María notó un cambio en su esposo que la preocupaba profundamente.

Un día, mientras compartían una cena tranquila en casa, María tomó valor y decidió abordar el tema que la tenía inquieta. "Samuel, ¿has notado que últimamente te has vuelto más callado y retraído?" preguntó con preocupación en su voz.

Samuel, conocido por su perfil Verde del DISC como "El Tranquilo," miró a su esposa con sorpresa. No había sido consciente de que su comportamiento había cambiado tanto, pero al escuchar las palabras de María, se dio cuenta de que era cierto. Desde hacía algún tiempo, había estado lidiando con una creciente frustración y agotamiento en su vida profesional y personal, y eso se estaba reflejando en su comportamiento.

María continuó, "Samuel, me siento como si te estuvieras alejando de mí. Antes solíamos hablar de todo y compartir nuestros pensamientos y preocupaciones. Pero últimamente, pareces estar en otro mundo, más ensimismado. ¿Qué está pasando?"

La conversación entre María y Samuel continuó, pero en lugar de mejorar, la situación se volvió aún más tensa y frustrante. Samuel se encontraba atrapado en un torbellino de emociones que le impedían encontrar las palabras adecuadas para explicarle a su esposa todo lo que había estado atravesando.

María notó que la tensión en la habitación aumentaba con cada palabra que Samuel no decía. Sus ojos se llenaron de lágrimas mientras luchaba por comprender lo que estaba pasando. "Samuel, por favor, necesito saber qué está sucediendo. No puedo ayudarte si no me lo cuentas", dijo con voz temblorosa.

Samuel se sintió abrumado por la presión de la conversación. Quería abrirse con María, compartir sus preocupaciones y miedos, pero algo en su interior le impedía hacerlo. Temía que sus problemas en el trabajo, sus luchas internas y su agotamiento emocional fueran demasiado para ella, y no quería cargarla con su carga.

El silencio llenó la habitación, y la tensión entre la pareja se hizo palpable. María finalmente rompió el silencio con un suspiro, "Samuel, no sé qué está pasando, pero siento que te estás alejando cada día más. Estoy aquí para ti, para apoyarte, pero necesito saber qué te está pasando".

Samuel luchaba por encontrar las palabras correctas. Se

sentía atrapado entre su deseo de abrirse y su temor a explotar como un volcán en erupción que arrasa con todo en su paso.

Finalmente, logró balbucear algunas palabras, "María, lo siento. No sé cómo explicarlo. El trabajo, los niños, todo se está volviendo abrumador. Siento que estoy perdiendo el control, pero no quiero que te preocupes más de lo que ya lo haces".

María se acercó a Samuel y lo abrazó con ternura. "Samuel, estamos juntos en esto. No importa lo que esté sucediendo, siempre podemos encontrar una solución juntos. No tienes que enfrentarlo solo."

Samuel se zafa del abrazo -"María, ya, vale, por favor. Se me pasará mañana. Dejémoslo estar por hoy." Se levanta, y sale de la habitación encorvado por el peso que lleva dentro.

Suena el teléfono. Son las 22:00h. Llama el abuelo Antonio. Puede ser grave. "Dime papá." – "Samuel, que los canales se han desconfigurado. Ya he mirao yo, y no hay forma. ¿Cuándo te puedes acercar, hombre? Que estamos tu madre y yo sin poder ver la tele…"

11 "LA PRUEBA VERDE: LIDERAZGO INESPERADO"

La tensión en la oficina había alcanzado su punto máximo, y Samuel se encontraba al borde del colapso. Durante meses, Lucio, un compañero de trabajo que llevaba años buscándole las cosquillas, se había convertido en una verdadera pesadilla. No solo se atribuía los logros y el trabajo de Samuel, sino que también había estado conspirando a sus espaldas para que él y sus dos compañeros más allegados fueran despedidos o rebajados de categoría. La situación era insostenible, y Samuel se había enterado de las maquinaciones de Lucio por casualidad.

Esa mañana, Samuel decidió enfrentar la situación de una vez por todas. Se acercó al despacho del Director, quien había estado siendo influenciado por Lucio, y solicitó una reunión urgente. La atmósfera en la oficina estaba cargada de expectación, ya que la mayoría de los compañeros eran conscientes de la tensión entre Samuel y Lucio.

La reunión comenzó de manera tensa, con el Director y Lucio sentados frente a Samuel. Samuel sabía que tenía que mantener la calma para abordar el problema de manera efectiva. Sin embargo, a medida que Lucio intentaba justificar sus acciones y desviar la culpa, la paciencia de Samuel comenzó a agotarse.

Finalmente, Samuel no pudo contenerse más y estalló en un arrebato de ira. Les recordó a ambos sus años de trabajo duro y dedicación a la empresa, y cómo Lucio había intentado socavar su posición y la de sus compañeros. Las palabras salieron de su boca con una fuerza y una pasión que sorprendieron a todos en la sala.

"¡Basta ya, Lucio! No puedo soportar más tu hipocresía y tus maquinaciones. Has estado minando nuestro trabajo, intentando destruir nuestra reputación y poniendo en peligro nuestros puestos de trabajo. Eres un puñetero cáncer en esta empresa ¡No te voy a aceptar ninguna vejación más, capullo de mierda!", exclamó Samuel.

El Director se quedó atónito ante la explosión de Samuel. Había estado cegado por las manipulaciones de Lucio durante demasiado tiempo, y jamás había visto a Samuel elevar el tono o decir un taco. No podía creerlo.

Pero poco a poco comenzó a ver o percibir al menos, parte de la realidad de la situación. Lucio, por su parte, trató de defenderse, pero sus argumentos vacíos no pudieron hacer frente a la indignación y la claridad de las palabras de Samuel. Gran parte de la oficina estaba con Samuel, al menos los que más tiempo llevaban en la empresa observando las maquiavélicas maniobras del amigo Lucio.

El enfrentamiento continuó durante un tiempo, con Samuel exponiendo las artimañas de Lucio y su impacto negativo en la moral y la productividad del equipo. A medida que Samuel hablaba con pasión y determinación, algunos de sus compañeros comenzaron a aplaudir en señal de apoyo.

Mirando al Director, Samuel avisó con toda la calma que logró reunir "esto ya ha llegado a un nivel intolerable, no puedo trabajar con esta persona tan rastrera. Nunca he dado ni un ruido, me va a perdonar usted por las formas. Pero no aguanto más. Tengo que salir y que me de el aire un poco. Usted dirá que procede hacer aquí."

El Director, sintiendo la presión de la mayoría de la oficina y viendo la verdad en las palabras de Samuel, tomó una decisión firme. Anunció que tomaría medidas para abordar el comportamiento de Lucio, esclarecer los hechos, y restaurar la justicia en la empresa.

Al salir de la oficina y respirar el aire de la calle, Samuel se sintió aliviado y empoderado, y a la misma vez incrédulo. Había enfrentado el problema de frente, había defendido su integridad y la de sus compañeros, y había logrado que se escuchara su voz y sacar a la luz la manipulación de Lucio. Sentía miedo a perder su trabajo por su arrebato. Y a la vez una sensación dulce por haber hecho valer su postura y defendido su terruño y el de su equipo.

El incidente marcó un punto de inflexión en la oficina. La mayoría de los compañeros comenzaron a valorar la integridad y la determinación de Samuel, y Lucio se encontró cada vez más aislado. La empresa comenzó a tomar medidas para mejorar la cultura laboral y garantizar que situaciones similares no volvieran a ocurrir.

Al regresar a casa después de la tensa reunión en la oficina, Samuel se sintió agotado y emocionalmente cargado. Sabía que tenía que afrontar la conversación pendiente con su esposa, María, pero se encontraba al límite de su paciencia y resistencia. Era una bomba de relojería a punto de explotar.

Al entrar por la puerta de su hogar, María lo recibió con una mirada de desdén que hizo que la tensión aumentara aún más. Estaba dispuesta a abordar el tema y, en lugar de recibirlo con comprensión, su primera reacción fue airada y agresiva.

"¡Vaya, vuelve el gran hombre de la casa!", dijo María con ironía y burla en su voz. "¿A qué tenemos el honor de tu presencia hoy tan temprano? Debe ser importante si te dignaste a aparecer antes de que se haga de noche".

Esta respuesta sarcástica de María hizo que Samuel se sintiera aún más frustrado. Estaba lidiando con demasiada presión emocional y mental en ese momento, y no tenía la energía para enfrentar la actitud sarcástica de su esposa.

Sin embargo, Samuel ya no podía contener su frustración y agobio. Sus emociones se desbordaron, y estalló en un torrente de palabras que habían estado acumulándose en su interior durante mucho tiempo.

"María, no puedo más. O te callas y te guardas el veneno, o cojo la puerta y se acaba el problema", comenzó Samuel con un tono de voz cargado de emoción. "No puedo soportar la presión constante en el trabajo, el estrés que me causa el trato de Lucio, y ahora... esto en casa. Siento que todo el mundo espera demasiado de mí, que soy el que tiene que aguantarlo todo, y me estoy rompiendo".

María se quedó sorprendida por la intensidad de las palabras de Samuel. No esperaba esta reacción, y sus ojos se llenaron de lágrimas mientras escuchaba a su esposo desahogarse.

Samuel continuó, liberando todo el dolor y la frustración que había estado guardando. Le habló de la presión que sentía en el trabajo, de cómo se había sentido explotado por sus compañeros y jefe. Luego, compartió sus sentimientos sobre su relación, cómo se sentía como si siempre tuviera que ceder y que sus opiniones y necesidades no importaban. Sollozando sin control y con un hilo de voz Samuel intentó continuar.

"Soy una puta marioneta, María. Para todos. Siempre trato de complacerte y mantener la paz en casa, y en la mierda de oficina, igual. Y me está matando por dentro", confesó Samuel con lágrimas en los ojos. "Necesito que entiendas cuánto estoy sufriendo, cómo esto está afectando mi salud mental y emocional. Y o estás por mí igual que yo estoy por ti, o esto se va a la mierda".

María, quien había estado lista para confrontar a Samuel, se encontró inesperadamente en el extremo receptor de una tormenta emocional. Sus ojos se llenaron de lágrimas, y su expresión de desdén se transformó en una mezcla de sorpresa y dolor.

"No sabía, Samuel", balbuceó María, luchando por encontrar las palabras adecuadas. "No tenía idea de que estuvieras pasando por esto. Siento que no te he apoyado como debería, y lamento cualquier parte que haya tenido en tu sufrimiento".

Samuel y María se abrazaron, compartiendo un momento de vulnerabilidad y conexión emocional. Ambos se dieron cuenta de que habían estado atrapados en un patrón destructivo de comunicación, donde ninguno de los dos se había sentido escuchado ni comprendido.

La conversación continuó, pero esta vez con un tono más calmado y comprensivo. Samuel y María comenzaron a hablar sobre sus expectativas mutuas y cómo podrían apoyarse mutuamente de manera más efectiva. Se comprometieron a comunicarse de manera abierta y honesta, y a buscar soluciones juntos en lugar de cargar con todo el peso de sus preocupaciones de manera individual.

Esa noche, Samuel y María tomaron un paso importante hacia la sanación de su relación. Aunque las tensiones aún estaban presentes, habían dado el primer paso para abordar sus problemas de manera constructiva y buscar soluciones juntos. La conversación sincera les recordó la importancia de apoyarse mutuamente en los momentos difíciles y de mantener abiertas las líneas de comunicación.

12 "TRIUNFO VERDE: DESCUBRIENDO LA FUERZA INTERIOR"

El día en que Samuel se encontró con el evento sobre Liderazgo e Inteligencia Emocional en Lanzarote fue un día que cambiaría su vida. Mientras navegaba por su cuenta de LinkedIn, se topó con la descripción del evento y quedó intrigado por el tema que se trataría: "Comprender los gatillos emocionales y los estilos de conducta en la empresa". El ponente, un tal Nathan Manzaneque, prometía revelar cómo la comprensión de las diferencias emocionales y comunicativas de cada perfil de conducta podía transformar la manera en que gestionamos personas y emociones en nuestra vida personal y profesional.

En ese momento, una mezcla de emociones abrumó a Samuel. La curiosidad, el deseo de aprender y la esperanza de encontrar respuestas a sus propias luchas personales en el trabajo se apoderaron de él. Sabía que debía asistir a este evento, aunque significara pedir un día libre a su

Director.

Reuniendo coraje, Samuel se acercó a su Director y explicó la importancia de asistir a esta conferencia. Le habló de cómo creía que las habilidades de liderazgo y la inteligencia emocional eran fundamentales para su papel en la empresa, y mejorar su reacción ante situaciones de frustración, y cómo este evento podía marcar la diferencia en su desarrollo profesional. Para su sorpresa, el Director no solo accedió a darle el día libre, sino que también anunció que él mismo asistiría al evento y que la empresa pagaría las entradas VIP.

El día del evento llegó, y Samuel se encontró sentado entre la audiencia junto a su Director, listo para absorber todo lo que el conferenciante tenía que decir sobre el perfil DISC y la inteligencia emocional en el lugar de trabajo. Lo que aprendió ese día lo impactó profundamente y le dio una nueva perspectiva sobre su propia personalidad y comportamiento.

Aquí están los 10 aprendizajes más destacados que Samuel se llevó de la conferencia:

Comprendió que su perfil DISC Verde era valioso: Nathan explicó cómo las personas con un perfil Verde eran expertas en la empatía, la colaboración y la paciencia. Samuel comenzó a ver su perfil no como una debilidad, sino como una fortaleza que aportaba armonía a los equipos.

Aprendió a establecer límites: Samuel se dio cuenta de que su incapacidad para decir "no" estaba afectando su salud y su bienestar. Aprendió técnicas para establecer límites saludables sin sentirse culpable.

Descubrió la importancia de la comunicación asertiva: La conferencia resaltó la necesidad de expresar sus pensamientos y sentimientos de manera efectiva sin temor a conflictos. Samuel se dio cuenta de que podía ser asertivo sin ser confrontativo. Aprendió la técnica del Feedback Generoso.

Identificó sus gatillos emocionales: Aprendió a reconocer las situaciones que lo llevaban a sentirse abrumado y a desarrollar estrategias para gestionar esas emociones de manera constructiva.

Comprendió la diversidad de estilos de conducta: Nathan describió cómo cada perfil DISC tenía sus propias características y necesidades. Samuel se dio cuenta de la importancia de adaptar su enfoque de liderazgo y al comunicarse con los demás según el estilo de cada colaborador.

Aprendió cómo delegar: Samuel se inspiró para compartir la carga de trabajo y confiar en su equipo, en lugar de asumir todas las responsabilidades él mismo.

Descubrió la importancia de la autenticidad: La conferencia enfatizó la necesidad de ser uno mismo en el trabajo y cómo la autenticidad podía construir relaciones más sólidas.

Aprendió a manejar el estrés de manera efectiva: Nathan proporcionó herramientas para lidiar con el estrés y la presión en el trabajo, lo que ayudó a Samuel a encontrar un equilibrio entre su vida laboral y personal.

El estrés que no es mío, se lo devuelvo a quien le pertenece, es injusto que me lo quede yo.

- Nathan Manzaneque

Se dio cuenta de la importancia de la auto-reflexión: La conferencia animó a la auto-reflexión constante y al aprendizaje continuo. Samuel se decidió a llevar un diario personal para evaluar su progreso y crecimiento.

Abrazó la idea de un mentor: Después de la conferencia, Samuel decidió buscar a Nathan Manzaneque como mentor para continuar su desarrollo en inteligencia emocional y liderazgo.

La experiencia en el evento fue transformadora para Samuel. Le proporcionó las herramientas y la perspectiva necesarias para abordar sus desafíos en el trabajo y en su vida personal. A medida que regresaba a casa, se sentía inspirado y motivado para aplicar lo que había aprendido, no solo para su propio crecimiento, sino también para mejorar las relaciones en su empresa y su vida cotidiana.

Y no tardó en darse una nueva conversación con su mujer. Samuel le explicó lo que había aprendido y cómo quería ponerlo en práctica. Iba a ser el mismo hombre tranquilo, solidario, desprendido, pero iba a decir que no cuando sintiera que debía hacerlo. Y esos no iban a ser innegociables.

María escuchó atentamente, comprendiendo que su esposo estaba pasando por un momento difícil. Ella era consciente de la personalidad conciliadora de Samuel, siempre dispuesto a ayudar a los demás y mantener la armonía en su vida. Sin embargo, también sabía que su perfil Verde lo había llevado a sobre-extenderse y a no establecer límites claros.

La conversación continuó en las siguientes semanas, y Samuel y María intentaron encontrar soluciones juntos. Samuel se dio cuenta de que necesitaba aprender a decir que no de manera asertiva y a establecer límites en su vida profesional. María ofreció su apoyo incondicional y alentó a su esposo a buscar el equilibrio y el bienestar que tanto necesitaba.

BLOQUE 4 - AZUL:

El estilo de conducta Cauteloso (C) en el modelo DISC se caracteriza por una serie de rasgos y comportamientos que han sido objeto de estudio científico en campos como la psicología y la neurociencia. A continuación, presentaremos una visión general respaldada por datos científicos sobre este perfil:

Características del Estilo Cauteloso (C):

Atención al Detalle: Las personas con un estilo cauteloso tienden a ser detallistas y minuciosas en su enfoque. Estudios de psicología han demostrado que estas personas tienen una mayor activación en áreas cerebrales asociadas con la atención selectiva y el procesamiento de información precisa [Fuente: Just et al., 2001].

Reserva y Control Emocional: La investigación en neurociencia ha revelado que los individuos cautelosos muestran una mayor activación en regiones del cerebro relacionadas con el control emocional y la regulación de la ansiedad [Fuente: Ochsner et al., 2004].

Comunicación Precisa: Estudios en lenguaje corporal han identificado que los individuos cautelosos suelen utilizar un lenguaje verbal y no verbal que enfatiza la precisión y la claridad en la comunicación [Fuente: Hertenstein et al., 2009].

Cómo Comunicarse con el Estilo Cauteloso:

Proporcionar Información Detallada: La investigación en comunicación sugiere que las personas con un estilo cauteloso valoran la información detallada y precisa. Proporcionar datos y hechos concretos es esencial [Fuente: Stiff & Mongeau, 2003].

Fomentar la Paciencia: Los individuos cautelosos pueden tomar decisiones de manera más lenta debido a su enfoque en los detalles. Fomentar la paciencia y darles tiempo para procesar la información es beneficioso [Fuente: Thompson & Hastie, 1990].

Ventajas del Estilo Cauteloso:

Precisión y Calidad en el Trabajo: Su atención al detalle y su enfoque en la precisión contribuyen a la realización de trabajos de alta calidad [Fuente: Saldaña et al., 2019].

Toma de Decisiones Informadas: Su enfoque en la recopilación de datos y la consideración cuidadosa de las opciones puede resultar en una toma de decisiones informada [Fuente: Reyna & Brainerd, 1991].

Inconvenientes del Estilo Cauteloso:

Tendencia a la Parálisis por Análisis: La necesidad de obtener todos los detalles puede llevar a una parálisis en la toma de decisiones, especialmente en situaciones que requieren rapidez [Fuente: Simonson & Tversky, 1992].

Dificultad para Delegar: Los individuos cautelosos a veces pueden tener dificultades para delegar responsabilidades debido a su deseo de controlar todos los aspectos [Fuente: Waterman et al., 1993].

En resumen, el estilo de conducta Cauteloso en el modelo DISC ha sido objeto de investigación científica que respalda sus características y patrones de comportamiento. Aunque presenta ventajas en términos de precisión y calidad en el trabajo, también conlleva desafíos, como la tendencia a la parálisis por análisis y la dificultad para delegar. Comprender y adaptarse a las preferencias de comunicación y comportamiento de las personas con este perfil puede mejorar significativamente las interacciones interpersonales y laborales.

Vas a conocer a Clara La Cautelosa, una mujer inteligentísima, con una gran sensibilidad y un tremendo sentido de la justicia y de las cosas bien hechas. Ya me dirás qué tal te llevas con ella y qué te llevas de sus aprendizajes.

13 "EL MUNDO AZUL: SILENCIO Y SOLEDAD"

El día a día de Carla, alias "La Cautelosa," en su rol como Directora de Recursos Humanos en una multinacional, es un equilibrio constante entre la perfección y la soledad.

Su perfil Azul la impulsa a esforzarse por la excelencia en todas las áreas de su vida, lo que a menudo la lleva a sentirse abrumada y sola en su búsqueda de la pareja perfecta.

Desde temprana edad, Carla mostró un alto grado de inteligencia y capacidades excepcionales. Sin embargo, su camino no fue fácil, ya que sufrió bullying en la escuela debido a su diferencia. Este período de su vida la hizo más reservada y cautelosa en su relación con los demás. Aprendió a guardar sus pensamientos y emociones para sí misma, temiendo la crítica y el rechazo.

En el trabajo, Carla es conocida por su meticulosidad y atención a los detalles. Cada tarea que emprende debe ser perfecta, y esta búsqueda constante de la excelencia a veces la consume. Le resulta difícil delegar o aceptar que algunas tareas no necesitan ser llevadas al extremo. Carla siente que si no lo hace todo a la perfección, está fallando.

Las relaciones personales son un desafío constante para Carla. Sus altas expectativas y su naturaleza reservada hacen que sea difícil para ella abrirse emocionalmente a los demás. Le pone nerviosa hablar de temas íntimos con sus compañeros de trabajo, lo que la aísla aún más en el entorno laboral. Anhela profundamente encontrar una pareja que cumpla con sus estándares excepcionalmente altos.

Las noticias en la televisión son una fuente constante de ansiedad para Carla. Las injusticias en el mundo la perturban profundamente, y siente un gran peso por los conflictos en Siria, Ucrania y Palestina. A menudo se pregunta cómo puede marcar una diferencia significativa en un mundo tan tumultuoso.

Carla se siente sola y lleva años deseando encontrar una pareja que cumpla con su lista de requisitos aparentemente imposibles. Sueña con un hombre inteligente, maduro emocionalmente, generoso, alegre y positivo. Quiere a alguien que la haga reír y que sea extremadamente afectuoso, pero en la medida en que a ella le gusta. Anhela formar una familia y que su pareja esté más que listo para el compromiso. También es importante para ella que la respete profundamente y que la apoye en su carrera como Directora de Recursos Humanos en una multinacional.

Sin embargo, esta búsqueda constante y las altas expectativas la han llevado a experimentar una profunda sensación de soledad. Se siente como si estuviera en un constante estado de espera, esperando a que aparezca el hombre perfecto que cumpla con todos sus criterios.

La depresión es una compañera constante en la vida de Carla, y aunque ha buscado ayuda a través de la terapia, el peso de sus expectativas y su soledad persisten. Afortunadamente, cuenta con el apoyo inquebrantable de sus hermanas Arantza y Estíbaliz, quienes son un faro de luz en medio de la oscuridad que a veces la rodea.

A medida que Carla continúa navegando por su vida, se enfrentará a desafíos personales y profesionales que pondrán a prueba su capacidad para encontrar el equilibrio entre la perfección que busca y la conexión humana que tanto anhela.

La relación de Carla con Leo, un empresario de Santiago de Compostela, fue una montaña rusa de emociones y desafíos. A pesar de sus diferencias, estuvieron juntos durante tres años, pero finalmente su alta expectativa y las incompatibilidades con la personalidad fuerte de Leo terminaron por desgastar la relación.

Leo era un hombre enfocado en su negocio, un emprendedor nato que siempre estaba buscando oportunidades para expandir su empresa. Era inteligente, seguro de sí mismo y un tanto presumido. Su personalidad era de pocas palabras y solía tomar decisiones rápidas sin consultar a Carla. Era alérgico a la idea de tener hijos y prefería viajar y disfrutar de la vida sin ataduras.

Desde el principio, Carla y Leo chocaron en muchas áreas de sus vidas. Sus diferencias que tanto les atrajeron en un principio, se hicieron evidentes y cada vez más insalvables en situaciones de ocio, especialmente cuando pasaban tiempo con amigos y familiares. Carla valoraba la planificación y la organización, mientras que Leo prefería tomar las cosas sobre la marcha.

En una ocasión, cuando planeaban un viaje con amigos, Carla propuso un itinerario detallado con horarios y actividades planificadas. Leo, por otro lado, quería simplemente llegar al destino y ver qué pasaba. Sus diferencias de enfoque se volvieron evidentes cuando discutieron sobre cómo deberían pasar sus vacaciones.

Carla: "Creo que sería genial tener un plan para nuestro viaje. Así podemos aprovechar al máximo nuestro tiempo y asegurarnos de hacer todo lo que queremos."

Leo: "¿Por qué necesitamos un plan? Podemos decidir sobre la marcha. Si planificamos demasiado, perderemos la espontaneidad."

Esta falta de acuerdo en la planificación del viaje fue solo el comienzo de sus desafíos. Leo se burlaba a menudo de la manera meticulosa y cuasi-científica de Carla de hacer las maletas. Carla valoraba la comunicación abierta y la expresión emocional, mientras que Leo tendía a guardar sus sentimientos y rara vez hablaba de temas emocionales.

En una cena familiar, Carla compartió sus emociones y experiencias personales con los padres de Leo, buscando establecer una conexión más profunda. Sin embargo, Leo se sintió incómodo y distante, lo que creó un ambiente tenso en la reunión.

Carla: "Creo que es importante que podamos hablar de nuestras emociones y experiencias personales. Así podemos conocernos mejor." Le dijo cuando estuvieron solos de nuevo.

Leo: "Prefiero mantener mis emociones para mí mismo. No veo la necesidad de compartir todo."

La brecha emocional entre Carla y Leo se volvió más evidente con el tiempo, y Carla sintió que la relación carecía de la profundidad y la conexión emocional que buscaba.

Además de sus diferencias en la comunicación y la planificación, Carla y Leo también tenían visiones diferentes sobre el compromiso y el futuro. Leo disfrutaba de la libertad y evitaba las ataduras, mientras que Carla estaba buscando una relación más seria y un futuro juntos.

En una conversación sobre su futuro juntos, Carla expresó sus deseos de establecer una familia y construir una vida juntos. Leo, sin embargo, dejó claro que no estaba interesado en tener hijos y que su enfoque principal era su negocio y disfrutar de la vida durante unos años más. Carla sentía que su reloj biológico no le permitía ese margen.

Carla: "Siento que estamos en momentos diferentes de

nuestras vidas. Quiero construir un futuro juntos, pero parece que tienes otras prioridades."

Leo: "Mi negocio es mi prioridad principal en este momento. No estoy listo para comprometerme de la manera que quieres."

Esta conversación marcó un punto de inflexión en su relación. Carla se dio cuenta de que sus expectativas de una relación seria y comprometida no se alineaban con las de Leo. A pesar de los momentos felices que compartieron juntos, Carla tomó la difícil decisión de poner fin a su relación con Leo.

Aunque fue doloroso, Carla entendió que buscar a alguien que compartiera sus valores y objetivos era fundamental para su felicidad a largo plazo. Aprendió la importancia de ser honesta consigo misma acerca de lo que realmente quería en una relación y no conformarse con menos. Aunque su relación con Leo llegó a su fin, esta experiencia la ayudó a crecer y a tener una mayor claridad sobre lo que buscaba en una pareja. Lo cual no dejaba de entristecerla y contribuir a su melancolía que ya le venía de serie.

Las hermanas de Carla, Arantza y Estíbaliz, se convirtieron en un verdadero salvavidas en su vida. En medio de la soledad y la presión que sentía, encontró en ellas un apoyo incondicional y un refugio emocional. Su vínculo con sus hermanas se fortaleció a lo largo de los años, y juntas enfrentaron los desafíos de la vida de una manera que les dio fuerza y solidez.

Arantza, la hermana mayor, siempre había sido una figura protectora y comprensiva para Carla. Desde pequeñas, Arantza había cuidado de Carla y la había apoyado en momentos difíciles. Arantza era tranquila de carácter, mimosa, y siempre se desvivía por los demás. A medida que crecieron, su relación se profundizó aún más. Carla sabía que podía contar con Arantza para cualquier cosa, y esto le proporcionaba una sensación de seguridad y pertenencia.

Estíbaliz, la hermana menor, aportaba una chispa de alegría y diversión a la vida de Carla. Siempre había sido la más extrovertida de las tres, y su energía positiva era contagiosa. Su risa se escuchaba en todo el edificio, y encontraba el lado bueno en cualquier catástrofe. Estíbaliz tenía la habilidad de sacar a Carla de su caparazón emocional y hacerla reír incluso en los momentos más oscuros. Su presencia alegre era un bálsamo para el corazón de Carla.

En las reuniones familiares y las cenas, las tres hermanas compartían momentos especiales que fortalecían su vínculo. Recordaban anécdotas de su infancia, se apoyaban mutuamente en sus desafíos personales y encontraban consuelo en la compañía de la familia. La presencia de Arantza y Estíbaliz era un recordatorio constante de que no estaba sola en este viaje de la vida.

Una de las tradiciones familiares que Carla valoraba enormemente era la cena mensual de hermanas. Una vez al mes, las tres hermanas se reunían en casa de una de ellas para disfrutar de una cena casera. Durante esas noches, compartían sus alegrías, sus preocupaciones y sus sueños. Era un espacio donde podían ser auténticas y vulnerables sin miedo al juicio.

En una de esas cenas, Carla compartió con sus hermanas su lucha constante contra la depresión y sus desafíos en el trabajo. Estaba agotada y se sentía atrapada en un ciclo de negatividad. Arantza y Estíbaliz la escucharon con empatía y comprensión, ofreciéndole su apoyo incondicional.

Arantza: "Ay *maitia*!, sabes que siempre estamos aquí para ti. Ya sabemos lo que hay boba. Y te queremos un huevo. No tienes que enfrentar esto sola."

Estíbaliz: "Tienes un corazón increíble, *miña,* y a veces te exiges demasiado. Necesitas cuidarte a ti misma."

Sus palabras eran un bálsamo para el alma de Carla. Saber que sus hermanas estaban a su lado la llenó de gratitud y emoción. No importaba cuán oscura se sintiera su situación, siempre podía contar con el amor y el apoyo de su familia.

A medida que pasaron los años, Carla también se convirtió en un apoyo vital para sus hermanas en momentos de dificultad. Cuando Arantza enfrentó desafíos en su carrera, Carla estaba allí para ofrecer consejos y aliento. Cuando Estíbaliz pasó por una ruptura amorosa, Carla fue su hombro para llorar y su confidente.

La relación entre las tres hermanas era su baluarte. Su batería de energía cuando se le agotaban las fuerzas. Se apoyaban mutuamente en las alegrías y las penas de la vida, compartiendo risas y lágrimas en igual medida. Su amor y apoyo inquebrantables eran una fuente constante de fortaleza para Carla, recordándole que nunca estaba sola en su camino.

Con el tiempo, Carla encontró la manera de enfrentar su depresión y su soledad con la ayuda de la terapia y el amor de su familia. Aprendió a aceptar que no tenía que ser perfecta y que merecía el amor y la felicidad en su vida. La presencia constante de Arantza y Estíbaliz la ayudó a sanar y a reconstruirse emocionalmente.

En última instancia, las hermanas de Carla fueron su ancla en medio de las tormentas emocionales que enfrentó. En su compañía, encontró la fuerza para superar los momentos más oscuros y la alegría de celebrar los triunfos más pequeños. Juntas, demostraron que el lazo familiar puede ser un refugio poderoso.

Pero había rachas, y cuando tocaba tempestad, cien años pareciera que duraba.

14 "AZUL EN LA OSCURIDAD: SUPERANDO LA DEPRESIÓN"

En el tranquilo espacio de la consulta de la psicóloga, Carla se sentó en su silla de siempre, con la mirada perdida en el suelo. La psicóloga, una mujer amable y comprensiva, esperó pacientemente a que Carla se sintiera cómoda para hablar.

Psicóloga: (Con una voz suave) Hola, Carla. ¿Cómo te sientes hoy?

Carla: (Suspira profundamente) No muy diferente a los otros días, la verdad. (Hace una pausa) Sigo sintiéndome abrumada.

Psicóloga: Entiendo. Es normal tener altibajos en el proceso. ¿Puedes decirme qué te ha estado preocupando últimamente?

Carla: (Hace una pausa, pensando cuidadosamente en

sus palabras) Bueno, últimamente, he estado pensando mucho en mis relaciones y en mi vida en general. Me siento atrapada en un círculo vicioso, y no sé cómo salir de él.

Psicóloga: (Asiente) Comprendo. ¿Podrías contarme más sobre este círculo vicioso?

Carla: (Suspira nuevamente) Creo que tiendo a tener expectativas muy altas, tanto para mí como para los demás. Siempre he sido perfeccionista, y eso me ha llevado a decepcionarme con frecuencia. Y cuando me decepciono, me culpo a mí misma y me hundo en la tristeza.

Psicóloga: (Asiente) Entiendo lo que estás diciendo. Las expectativas elevadas pueden ser una carga pesada. ¿Cómo te sientes cuando sientes que no has alcanzado tus expectativas?

Carla: (Mirando hacia arriba, con los ojos llenos de lágrimas) Me siento inútil, como si no valiera nada. Siento que no puedo hacer nada bien, ni siquiera las cosas que se supone que debería hacer bien.

Psicóloga: (Con empatía) Eso suena muy difícil. ¿Has estado hablando con alguien de tu entorno sobre lo que sientes?

Carla: (Niega con la cabeza) No, no realmente. A veces, intento abrirme con mis hermanas, pero siento que soy una carga para ellas. No quiero que se preocupen por mí.

Psicóloga: (Con comprensión) Es importante que sepas que tus hermanas te quieren y se preocupan por ti. Compartir tus sentimientos con alguien de confianza podría ser un paso importante hacia la recuperación.

Carla: (Acepta las palabras de la psicóloga) Lo sé, pero siento que siempre les traigo mis problemas y preocupaciones. No quiero ser una molestia para nadie.

Psicóloga: (Con calma) Carla, es normal necesitar apoyo de vez en cuando. Nadie puede llevar todas las cargas por sí mismo. ¿Qué te hace pensar que eres una molestia para los demás?

Carla: (Reflexiona por un momento) Supongo que siento que siempre debería ser fuerte y capaz. No quiero que nadie me vea débil.

Psicóloga: (Asiente) Entiendo esa preocupación. Pero ser vulnerable y buscar apoyo no te hace débil, al contrario, muestra tu fortaleza para afrontar tus emociones y desafíos. Todos necesitamos ayuda en algún momento.

Carla: (Se siente un poco aliviada) Gracias por decir eso. A veces me siento tan sola en esto.

Psicóloga: (Con amabilidad) Estoy aquí para apoyarte, Carla. Y recuerda que tus hermanas y las personas que te quieren están disponibles para ti también. No tienes que atravesar esto sola.

Carla: (Con una pequeña sonrisa) Gracias por escucharme, de verdad.

La sesión continuó con una conversación más profunda sobre los patrones de pensamiento de Carla y estrategias para abordar su perfeccionismo y altas expectativas. A lo largo de las sesiones, Carla comenzó a abrirse más con sus hermanas y amigos, encontrando un círculo de apoyo en quienes la rodeaban.

Si bien el camino hacia la recuperación seguía siendo desafiante, Carla era consciente de que no estaba sola y que pedir ayuda era una muestra de fortaleza en lugar de debilidad. Aún así no disfrutaba de sus éxitos profesionales. Seguía sin ser capaz de aceptar (o de creerse) los piropos profesionales y personales que recibía con frecuencia.

Un día soleado en La Coruña, Carla se preparaba para una de las jornadas más desafiantes en su rol como Directora de Recursos Humanos de una gran empresa.

Desde temprano, sentía un nudo en el estómago y una sensación de aprehensión que se iba intensificando a medida que se acercaba a la oficina. Sabía que tenía que mediar en un conflicto de personalidad que se había vuelto incontrolable entre dos directivos de alto rango, Mario y Laura, ambos con personalidades muy marcadas.

Cuando llegó a la oficina, fue recibida por un flujo constante de correos electrónicos y llamadas que ya indicaban la tensión que se vivía en el lugar. La relación entre Mario y Laura se había deteriorado rápidamente en las últimas semanas, y sus respectivos equipos estaban al borde del colapso.

Carla sabía que su rol requería un enfoque metódico y planificado, pero la situación la tenía abrumada. Esa mañana, se encontró con su asistente, Ana, quien le informó sobre la última disputa entre los dos directivos en una reunión de alto nivel. Carla suspiró profundamente y se dirigió a su despacho, donde trató de organizarse antes de enfrentar la tormenta que se avecinaba.

La primera cita del día era una reunión con Mario. Carla sabía que tenía que abordar sus preocupaciones y frustraciones antes de enfrentar a Laura. Cuando entró en la oficina de Mario, lo encontró visiblemente molesto, hablando por teléfono con un tono de voz elevado. Carla esperó pacientemente a que terminara su llamada antes de abordar la situación.

Carla: (Con calma) Mario, ¿puedo hablar contigo un momento?

Mario: (Suspira) Claro, Carla, ¿qué pasa?

Carla: (Tomando asiento frente a él) Quiero discutir lo que ocurrió en la reunión de ayer con Laura. Parece que las tensiones están llegando a un punto crítico, y necesitamos encontrar una solución antes de que esto afecte aún más a nuestros equipos.

Mario: (Frunce el ceño) Carla, te lo dije antes, Laura es insoportable. No puedo trabajar con ella.

Carla: (Asiente) Entiendo que haya diferencias, pero ambos sois líderes en vuestras áreas y necesitamos todos encontrar una manera de colaborar de manera efectiva. ¿Podemos intentar encontrar un terreno común para resolver este conflicto?

La conversación con Mario resultó ser desafiante, y Carla no logró ningún avance significativo. A medida que avanzaba la mañana, se preparaba para su reunión con Laura, sabiendo que sería igual de difícil. Laura tenía una personalidad fuerte y un estilo de comunicación directo, lo que la hacía especialmente difícil de manejar en situaciones de conflicto.

Cuando Carla entró en la oficina de Laura, esta última estaba revisando documentos en su escritorio. Carla se sintió tensa, pero sabía que debía abordar la situación con empatía y firmeza.

Carla: (Con una sonrisa amable) Laura, ¿puedo hablar contigo un momento?

Laura: (Levanta la mirada) Claro, Carla. ¿Qué quieres?

Carla: (Tomando asiento) Quiero discutir lo que está sucediendo entre tú y Mario. Las tensiones entre vosotros están afectando negativamente a los equipos y al ambiente de trabajo en general. Necesitamos encontrar una solución que permita una colaboración más efectiva.

Laura: (Frunce el ceño) Carla, no puedo creer que me hables de colaboración con Mario. No puedo soportarlo ni un minuto más. Es un misógino de mierda y un dinosaurio con cero empatía.

La conversación con Laura resultó igual de desafiante que la de Mario. Carla se sintió atrapada entre dos personalidades fuertes y egos inflados, y la frustración comenzó a agotar su paciencia. A medida que avanzaba la jornada, Carla convocó a una reunión conjunta entre Mario y Laura, con la esperanza de que pudieran encontrar un terreno común.

La reunión fue tensa desde el principio, con ambos directivos lanzándose acusaciones y reproches. Carla se esforzó por mantener el control de la situación y recordarles la importancia de trabajar juntos para el bien de la empresa. Sin embargo, su voz se perdía en el ruido de sus disputas.

La frustración de Carla llegó a su punto máximo cuando Mario y Laura abandonaron la reunión sin llegar a un acuerdo.

Carla se encontraba en la oficina de Amancio, el CEO de la empresa, listo para abordar un tema que la tenía preocupada desde hacía mucho tiempo. Sabía que esta reunión sería un desafío, pero sentía que era su responsabilidad plantearlo.

Carla: (Respira profundamente) Amancio, gracias por darme la oportunidad de hablar contigo. Quiero discutir algo que considero de vital importancia para el futuro de la empresa.

Amancio: (Asiente) Adelante, Carla. Estoy escuchando.

Carla: (Con determinación) Amancio, creo que es fundamental que comencemos a invertir en formación y mentorías sobre inteligencia emocional en la empresa. He estado analizando los datos y he notado un patrón preocupante.

Amancio: (Arquea una ceja) ¿Inteligencia emocional? Carla, hemos estado operando de la misma manera durante décadas y hemos tenido un éxito fenomenal. ¿Por qué deberíamos cambiar ahora?

Carla: (Explica con convicción) Amancio, no estoy diciendo que debamos cambiar todo, pero el mundo laboral está evolucionando. Estamos perdiendo talento, especialmente entre los jóvenes profesionales que buscan un entorno de trabajo que valore tanto sus habilidades técnicas como sus habilidades emocionales. Muchos de ellos están optando por trabajar para empresas extranjeras que ofrecen programas de formación en inteligencia emocional y liderazgo, cerca de un veinte por cien más de salario, y teletrabajo, además de otras ventajas.

Amancio: (Frunce el ceño) Carla, hemos llegado hasta aquí siendo líderes en nuestro sector sin necesidad de todo eso. ¿Por qué deberíamos gastar dinero en algo que no está demostrado que funcione?

Carla: (Con datos) Amancio, hay estudios que demuestran que las empresas que invierten en desarrollo de habilidades emocionales ven un aumento en la retención de talento, la productividad y la satisfacción de los empleados. Además, estamos perdiendo dinero al tener que formar constantemente a nuevos empleados que luego se van. La inversión en el desarrollo de nuestro personal podría reducir estos costos significativamente.

Amancio: (Sopesa la idea) Carla, entiendo tus preocupaciones, pero nuestra estrategia ha funcionado durante décadas. No veo ninguna razón para cambiarla.

Carla sintió una oleada de frustración, pero sabía que tenía que seguir argumentando su caso.

Carla: (Insiste) Amancio, respeto profundamente lo que has construido aquí, pero no podemos ignorar las señales de cambio en el mundo laboral. Si no actuamos ahora, corremos el riesgo de quedarnos atrás y perder a más empleados talentosos.

Amancio: (Con calma) Carla, entiendo tus preocupaciones, pero necesitaría evidencia más sólida de que esto realmente beneficiaría a la empresa antes de considerar cualquier inversión.

Carla se sintió desanimada por la respuesta de Amancio. Sabía que persuadirlo sería un desafío, pero no esperaba que fuera tan resistente al cambio. Mientras salía de la oficina de Amancio, sintió una profunda sensación de vacío y frustración. Se cuestionó si su carrera y su puesto de trabajo en esta gran organización tenían sentido si no podía influir en decisiones que consideraba cruciales para el futuro de la empresa.

La depresión que la había estado afectando en los últimos meses se agudizó. Se sentía atrapada en una empresa que no estaba dispuesta a adaptarse a los tiempos modernos y que parecía estar perdiendo dinero debido a su falta de acción. No que el dinero fuera un problema en apariencia, porque la empresa aún así generaba beneficios millonarios. Pero a medida que los días pasaban, Carla se sentía cada vez más cabreada y desesperanzada, preguntándose si debería buscar nuevas oportunidades en otro lugar donde sus ideas y su pasión por el desarrollo personal y profesional fueran valoradas y respaldadas.

15 "AZUL EN EL AMOR: EXPECTATIVAS Y REALIDADES"

Carla había oído hablar de la conferencia sobre Inteligencia Emocional y Gestión de Personas de Nathan Manzaneque en Santiago de Compostela por casualidad. Aunque inicialmente no tenía planeado asistir, algo en la descripción del evento llamó su atención.

La idea de aprender más sobre cómo comprender y gestionar las emociones, así como entender los patrones de personalidad de las personas, resonó en ella. Decidió que valía la pena investigar más y, después de leer las reseñas y comentarios de otros profesionales que habían asistido a eventos similares con Nathan, decidió comprar una entrada.

La conferencia resultó ser una experiencia reveladora para Carla. Nathan Manzaneque abordó varios aspectos de la inteligencia emocional y la gestión de personas que hicieron que Carla reconsiderara su enfoque en el trabajo y en la empresa en su conjunto. Aquí hay siete cosas que le trastocaron su perspectiva:

Comprender la importancia de la inteligencia emocional: Nathan explicó cómo la inteligencia emocional puede marcar la diferencia en la forma en que las personas interactúan en el lugar de trabajo. Carla se dio cuenta de que había subestimado el impacto de las emociones en la toma de decisiones y en las relaciones laborales.

Conocer los patrones de personalidad DISC: Uno de los temas centrales de la conferencia fue el perfil DISC, que analiza cuatro estilos de conducta diferentes: Dominancia, Influencia, Estabilidad y Conciencia. Carla aprendió cómo cada estilo de personalidad tiene sus fortalezas y debilidades, y cómo comprender estos patrones puede mejorar la comunicación y la colaboración en el trabajo.

Impacto en el clima laboral: Nathan destacó cómo el conocimiento de los perfiles DISC puede ayudar a crear un ambiente de trabajo más armonioso y productivo. Carla comenzó a pensar en cómo esto podría aplicarse a su propio equipo y cómo podría contribuir a mejorar el clima laboral en su empresa.

Bienestar organizacional: Carla se dio cuenta de que una mayor inteligencia emocional y una comprensión de los perfiles DISC podrían llevar a un mayor bienestar organizacional. Esto no solo beneficiaría a los empleados, sino que también podría tener un impacto positivo en los resultados financieros de la empresa.

Mejora de la comunicación: Carla vio cómo el conocimiento de los estilos de personalidad podía mejorar la comunicación en todos los niveles de la organización, desde los directivos hasta los empleados de base. Esto podría reducir malentendidos y conflictos innecesarios. Y hacer que su trabajo cotidiano y el de todos fuera mucho más grato.

Perspectiva para el futuro: La conferencia le hizo darse cuenta de que tenía una oportunidad real de introducir estos conceptos en su empresa. Carla comenzó a visualizar cómo podría implementar un programa de inteligencia emocional y trabajo con perfiles DISC para su equipo y cómo esto podría cambiar la dinámica en la empresa.

Negociación con Amancio: A medida que Carla absorbía todos estos conocimientos, también comenzó a pensar en cómo plantearía la idea de invertir en la formación y mentorías de inteligencia emocional para la empresa. Sabía que sería un desafío convencer a Amancio, pero ahora tenía argumentos sólidos respaldados por su experiencia en la conferencia.

La conferencia no solo le proporcionó a Carla una nueva perspectiva sobre la inteligencia emocional y la gestión de personas, sino que también la inspiró a considerar cambios significativos en su empresa. Se dio cuenta de que, si podía convencer a la alta dirección de la importancia de estos conceptos, podría tener un impacto positivo tanto en la cultura de la empresa como en los resultados financieros. Con esta nueva visión, Carla regresó a su trabajo llena de energía y determinación para llevar a cabo cambios que beneficiarían a todos en la organización.

Después de asistir a la conferencia de Nathan Manzaneque sobre inteligencia emocional y el perfil DISC, Carla se encontró reflexionando sobre cómo estos conceptos podrían aplicarse a su vida personal, específicamente en la búsqueda de una pareja compatible. Había aprendido mucho sobre la comprensión de las emociones y los patrones de personalidad, y sabía que esto podía ser valioso en su búsqueda de una relación amorosa sólida y satisfactoria.

Aquí hay algunas formas en las que Carla creía que la inteligencia emocional y el perfil DISC podrían ayudarla a identificar una pareja compatible:

Comprender sus propias necesidades emocionales: Carla comenzó por examinarse a sí misma y sus propias necesidades emocionales. A través de su comprensión de la inteligencia emocional, pudo identificar las áreas en las que ella misma podía mejorar y crecer emocionalmente. Para empezar, dejando marchar el perfeccionismo. Por mucho que le costara. Esto le permitió tener una idea más clara de lo que buscaba en una pareja.

Reconocer la importancia de la empatía: Uno de los aspectos clave de la inteligencia emocional es la empatía, la capacidad de comprender y conectar con las emociones de los demás. Carla sabía que deseaba una pareja que fuera empática y comprensiva, alguien que pudiera conectarse emocionalmente con ella y entender sus sentimientos.

Evaluar la comunicación: Carla comprendió la importancia de una comunicación efectiva en una relación. Quería una pareja con la que pudiera comunicarse abierta y honestamente, alguien que estuviera dispuesto a hablar sobre sus sentimientos y resolver conflictos de manera saludable.

Considerar la estabilidad y la planificación: Dado su perfil Azul en el DISC, Carla valoraba la estabilidad y la planificación en su vida. Quería una pareja que fuera metódica y cuidadosa en la toma de decisiones, alguien que compartiera su enfoque en la planificación a largo plazo.

Buscar un equilibrio de fortalezas y debilidades: Carla comprendió que una relación exitosa no solo se trata de encontrar a alguien con características idénticas, sino de encontrar a alguien cuyas fortalezas complementen las suyas. Quería una pareja que fuera fuerte donde ella era más débil y viceversa.

Identificar la lealtad y el compromiso: La lealtad y el compromiso eran valores fundamentales para Carla. Deseaba una pareja que fuera leal a la relación y estuviera comprometida a largo plazo.

Conocer las diferencias de estilo de personalidad: Carla aplicó su conocimiento sobre el perfil DISC para identificar los estilos de personalidad que podrían ser más compatibles con el suyo. Sabía que un enfoque equilibrado sería beneficioso, ya que cada estilo de personalidad tenía sus propias fortalezas.

Evaluar la adaptabilidad emocional: La inteligencia emocional también le enseñó sobre la adaptabilidad emocional, la capacidad de manejar cambios y desafíos en una relación. Carla quería una pareja que fuera emocionalmente adaptable y capaz de enfrentar los altibajos de la vida juntos.

Reflexionar sobre valores compartidos: Además de los aspectos emocionales y de personalidad, Carla consideraba importante que ella y su futura pareja compartieran valores fundamentales. Quería estar con alguien cuyos valores estuvieran alineados con los suyos en áreas como la familia, la ética y las metas de vida.

Tomar decisiones informadas: Con toda esta información en mente, Carla estaba decidida a no apresurarse en su búsqueda de pareja. Sabía que valía la pena esperar y buscar a alguien que realmente fuera compatible en todos estos aspectos importantes.

Después de la conferencia de marras, Carla tenía una visión más clara de lo que estaba buscando en una pareja y cómo identificar a alguien compatible. Su comprensión de la inteligencia emocional y el perfil DISC le proporcionaron herramientas valiosas para evaluar las relaciones potenciales y tomar decisiones informadas en su búsqueda de un compañero que compartiera su visión de una relación sólida y satisfactoria.

16 "EL ENCUENTRO AZUL: APRENDIZAJES Y CELEBRACIÓN"

Carla decidió sacudirse el sentimiento de culpa de abandonar el puesto por el que tanto había luchado durante un par de semanas, y tomarse unas merecidas vacaciones en Cerdeña para desconectar del trabajo y las preocupaciones.

Como Directora de Recursos Humanos en una multinacional, su vida solía ser una rutina meticulosa y controlada, llena de planificaciones y decisiones cuidadosas. Sin embargo, esta vez quería experimentar algo diferente, algo que la sacara de su zona de confort.

Una tarde soleada, mientras paseaba por la playa, Carla notó a un grupo de personas que parecían estar disfrutando de la vida al máximo. Entre ellos, un hombre que se destacaba por su energía y vitalidad llamó su atención.

Era Arnaud, un francés rubio, grande, de nariz prominente, alegre y ruidoso con el pelo largo, mentón muy marcado y barba entre pelirroja y rubia. Pasaría por jugador de rugby.

Arnaud se acercaba a saludar. Carla decidió acercarse a él también, intrigada por su vibrante atractivo Se presentó con una sonrisa y notó de inmediato la diferencia en sus estilos de personalidad. Mientras ella era reservada y le estaba costando la vida misma tirarse al ruedo, Arnaud irradiaba alegría y espontaneidad y le notaba francamente cómodo.

La conversación comenzó en inglés, ya que era un idioma común para ambos. Sin embargo, Arnaud no tardó en mezclar palabras en francés y español mientras hablaba con Carla. Su entusiasmo era contagioso, y Carla no pudo evitar reír ante sus ocurrencias.

Arnaud: "Bonjour! Comment ça va?"

Carla: "¡Hola! Estoy bien, gracias. ¿Y tú?"

Arnaud: "Je vais très bien! ¿Qué te trae a esta hermosa playa de Cerdeña?"

Carla: "Solo necesitaba un descanso de la rutina. ¿Y tú?"

Arnaud: "Ah, je suis en vacances! Me gusta venir aquí para disfrutar del sol, el mar y la buena comida. ¿Has probado la comida de aquí? Es deliciosa."

Carla: "Sí, he probado algo. La comida aquí es increíble."

La conversación continuó de esta manera, con Arnaud alternando entre francés y español, y Carla respondiendo en inglés. A pesar de las diferencias en sus estilos de personalidad, se dieron cuenta de que compartían una pasión por la lectura, conocer nuevas culturas y disfrutar de una vida hogareña.

Arnaud: "Carla, ¿qué te gusta hacer en tu tiempo libre?"

Carla: "Me encanta leer y aprender sobre diferentes temas. También disfruto de la música clásica y el arte."

Arnaud: "Ah, c'est intéressant! Yo prefiero la música alegre y bailar. ¿Bailarías conmigo? Esta tarde tenemos música en directo aquí."

Carla se sintió un poco abrumada por la idea, ya que no era una persona que soliera bailar en público. Sin embargo, la energía y la pasión de Arnaud eran contagiosas, y aceptó su invitación.

Carla: "Bueno, por qué no. Supongo que puedo intentarlo."

Arnaud: "¡Fantastique! Nos encontramos a la playa después, hay música y un ambiente genial."

Carla y Arnaud volvieron a quedar y se dirigieron a la playa, donde se unieron a otros turistas que disfrutaban de la música y el baile. Carla se sorprendió al descubrir que estaba divirtiéndose mucho más de lo que había imaginado.

La conversación entre ellos continuó fluyendo mientras compartían risas y anécdotas. Carla notó que Arnaud tenía una forma única de ver la vida, llena de positividad y alegría. A pesar de sus diferencias, se sentía atraída por su personalidad vibrante.

A medida que pasaban más tiempo juntos, Carla comenzó a aprender algunas palabras en francés, y Arnaud se esforzaba por hablar en inglés y español para facilitar la comunicación. Era un baile de palabras, un juego de idiomas que enriquecía su conexión.

La chispa del amor comenzó a encenderse en ese día soleado en Cerdeña. A pesar de sus perfiles de personalidad opuestos, Carla y Arnaud encontraron una química especial entre ellos. Se dieron cuenta de que, a pesar de sus diferencias, se complementaban de alguna manera. Buscaban las mismas cosas, en realidad.

A medida que se acercaba la puesta de sol, Carla y Arnaud se sentaron juntos en la playa, mirando el horizonte y disfrutando de la tranquilidad del momento. Carla sintió que había encontrado algo especial en este hombre que la había sacado de su zona de confort y la había hecho reír como nunca antes.

Carla: "Arnaud, gracias por este día tan maravilloso. Nunca imaginé que podría disfrutar tanto."

Arnaud: "De rien, Carla. Ha sido un plaisir conocerte. ¿Quieres desayunar conmigo mañana?"

Carla no dudó en aceptar la invitación de Arnaud. Sabía que este encuentro era el comienzo de algo nuevo y emocionante en su vida, algo que iba más allá de las diferencias en sus estilos de personalidad. Mañana se convirtió en toda la semana. Y en una segunda visita a la Tours donde vivía Arnaud. Se dio cuenta de que la vida también podía ser vivida con alegría y espontaneidad, y Arnaud había sido su guía en ese viaje.

Con la emoción del amor correspondido, la vuelta al trabajo sabía diferente. Incluso pelearse con su jefe tenía un aroma casi placentero. Era aún muy pronto, pero no podía evitar preguntarse algo tan bonito como lo que estaba viviendo con Arnaud tendría futuro. La incertidumbre de si alguna vez terminaría mudándose a Francia o Arnaud se plantearía mudarse a España le roía la cabeza con un sabor agridulce que hacía mucho tiempo que no sentía.

Carla se encontraba en una situación delicada. Como Directora de Recursos Humanos en una multinacional con más de 5000 empleados, había estado luchando por un cambio que consideraba esencial para el éxito continuo de la empresa: la implementación de programas de inteligencia emocional, desarrollo de habilidades blandas y liderazgo, junto con un enfoque en el bienestar organizacional.

Su jefe, Amancio, era un líder rojo DISC con una larga trayectoria en la empresa. Era conocido por su enfoque en resultados, su audacia y su resistencia al cambio. Había llevado a la empresa a convertirse en líder mundial en su sector, pero Carla sabía que el mundo estaba evolucionando, y la retención de talento se estaba convirtiendo en un desafío cada vez mayor.

Carla había estado investigando y recopilando datos sobre cómo la implementación de programas de inteligencia emocional y liderazgo había beneficiado a otras empresas pioneras, tales como Mahou. Había identificado la pérdida de talento y el aumento del estrés entre los empleados como problemas clave que requerían atención. Además, había encontrado que las empresas que invertían en desarrollo personal y bienestar de los empleados tenían un aumento en la satisfacción y la retención de estos.

Amancio era escéptico y reticente a cambiar la fórmula

que había funcionado durante décadas. Cuando Carla solicitó una reunión para discutir su propuesta, sabía que enfrentaría una batalla cuesta arriba. Sin embargo, estaba decidida a presentar sus argumentos de manera sólida y convincente.

La reunión comenzó con una presentación de Carla, en la que detalló los beneficios de la implementación de programas de inteligencia emocional y liderazgo. Citó estudios y estadísticas que respaldaban su posición, haciendo hincapié en cómo mejorar las habilidades emocionales de los empleados podría aumentar la productividad y la satisfacción en el trabajo.

Carla: "Amancio, los datos son claros. Nuestra empresa está perdiendo talento valioso debido al estrés y la falta de desarrollo personal de nuestros líderes y mandos intermedios. Si no actuamos ahora, seguiremos enfrentando una alta rotación de empleados y una disminución en la moral de los equipos."

Amancio escuchaba con una expresión seria en su rostro, pero no parecía convencido.

Amancio: "Carla, hemos estado funcionando de la misma manera durante años, y hemos tenido un gran éxito. ¿Por qué deberíamos cambiar ahora?"

Carla sabía que este sería uno de los principales obstáculos. A medida que avanzaba con su presentación, enfocó sus argumentos en cómo la inversión en desarrollo personal y bienestar podría mantenernos a la vanguardia en un mundo empresarial en constante cambio.

Carla: "Amancio, las empresas líderes en nuestro sector

y en otros sectores que están invirtiendo en programas similares. Hace más de veinte años que grandes empresas como Mahou están invirtiendo en bienestar organizacional. Si no nos adaptamos, corremos el riesgo de quedarnos atrás y perder nuestro estatus como líderes de la industria."

Amancio parecía considerar sus palabras, pero aún no estaba convencido. Carla sabía que tenía que presentar un argumento aún más sólido.

Carla: "Además, he investigado y encontrado a un experto en inteligencia emocional y desarrollo de habilidades blandas que podría ser nuestro mentor en este proceso. Nathan Manzaneque es un reconocido orador y consultor en este campo, y traerlo a nuestra empresa podría marcar la diferencia que necesitamos."

Amancio finalmente se mostró interesado.

Amancio: "¿Qué propone exactamente, Carla?"

Carla procedió a explicar su plan en detalle. Propuso implementar programas de formación en inteligencia emocional y liderazgo en toda la organización, comenzando por los altos directivos. También sugirió sesiones de coaching individualizado para aquellos que necesitaran un enfoque más personalizado.

Carla: "Creo que esta inversión no solo mejorará la satisfacción y el bienestar de nuestros empleados, sino que también tendrá un impacto positivo en nuestra retención de talento y, en última instancia, en nuestros resultados financieros."

Amancio parecía estar evaluando cuidadosamente la

propuesta de Carla.

Amancio: "Carla, esto es un cambio significativo. Necesito tiempo para considerarlo y discutirlo con el consejo de administración."

Carla sabía que había dado un paso importante al obtener el interés de Amancio y la promesa de una discusión más amplia en el consejo de administración. Sabía que la resistencia al cambio era fuerte, pero estaba dispuesta a seguir defendiendo su propuesta, respaldada por datos y evidencia concreta.

Carla: "Gracias, Amancio. Estoy dispuesta a trabajar en los detalles y aportar más información si es necesario. Creo que este cambio puede ser un paso importante hacia un futuro más exitoso para nuestra empresa."

La reunión concluyó con la promesa de una futura discusión. Carla sabía que la batalla no había terminado, pero estaba lista para seguir luchando por lo que creía que era lo mejor para la empresa y sus empleados.

Seis meses después, la primera formación a directivos en la empresa sobre Bienestar Organizacional, Inteligencia Emocional, y perfil DISC personalizado a la organización ya se estaba ejecutando gracias a su visión y a su capacidad de influencia y persuasión. "¿Quién lo habría dicho hace un año?!" se dijo para sí misma.

17 CONJUNCIÓN PLANETARIA

Comida del segundo día del Congreso del Bienestar Empresarial de EIBO, Escuela Internacional del Bienestar Organizacional.

Daniel, Isabel, Samuel, Carla y Nathan coinciden en la mesa.

Isabel: (Sonriendo) ¡Qué ilusión me hace estar aquí juntos! Todavía me acuerdo de cómo me ayudó aplicar lo que aprendimos en tu charla hace tantos años, en mi vida profesional. Yo, por ejemplo, en mi rol de directora de marketing y ventas, comencé a utilizar la inteligencia emocional y los perfiles DISC para entender mejor a mi equipo y fui ascendiendo desde ser una comercial de campo a llevar el departamento a nivel nacional. Nos ayudó a todos de forma permanente.

Nathan: (Asintiendo) ¡Eres una crack! Son enseñanzas muy potentes, pero el mérito es tuyo por hacerlas valer en tu día a día. ¿Cómo te fue a ti Carla?

Carla: (Reflexionando) Como directora de recursos humanos en una multinacional, utilicé la metodología DISC para evaluar y desarrollar a nuestro personal. Identificamos áreas de mejora y proporcionamos mentoría, lo que mejoró la satisfacción laboral y retuvo el talento en la empresa. Ya no tenemos un problema con la retención del talento. Aunque no nos confiamos.

Daniel: (Con su característico enfoque) Pues yo hice un poco de introspección después del retiro ese que hicimos Nathan, y he aprendido a personalizar mi liderazgo según la ocasión y el perfil de quien tengo enfrente. Y esto muy satisfecho con el impacto que eso ha tenido en mis números.

Isabel: (Asintiendo) ¡Exacto! La comprensión de los estilos de conducta también me ayudó a adaptar mi liderazgo y comunicación, y se nota en los números tanto que hemos aumentado el presupuesto para invertir en bienestar en la empresa y en formar a nuestra gente.

Nathan: (Recordando) No os podéis imaginar cuánto significa para mí y para los que trabajamos en ayudar a empresarios y profesionales escucharos. Hace unos años, una mayoría de empresas pasaban totalmente de cuidar a su gente y su clima laboral. No entendían el tsunami que se les vino encima con La Gran Renuncia.

Carla: (Añadiendo) A nosotros nos ha costado mucho. Pero no nos arrepentimos lo más mínimo. Además, las habilidades de pensamiento crítico y planificación que adquirieron nuestros mandos intermedios nos ayudaron a tomar decisiones más informadas y a consolidar nuestro crecimiento.

Daniel: (Compartiendo) Yo, prácticamente igual que tú pienso, Carla. Ya no soy un micro-gestor, y mi gente siente que confío en ellos. Delego en ellos con más inteligencia, y ahora puedo escalar mis negocios con más garantías.

Personalmente, reconocí mis debilidades y trabajé en mejorar mi habilidad para escuchar a los demás. Esto fortaleció mis relaciones profesionales.

Isabel: (Resumiendo) Gracias por compartir algo tan personal Daniel. Yo lo veo igual, la inteligencia emocional y la comprensión de los estilos de conducta no solo mejoran nuestras carreras, sino que también enriquecen nuestras vidas personales. ¡Pues no ha llovido desde que te escuchamos por primera vez Nathan!

Nathan: (Asintiendo) Lo bonito es que este crecimiento profesional y personal que hemos experimentado gracias a estos conocimientos no termina nunca. Siempre podemos mejorar y continuar aprendiendo.

Carla: ¡Así es! Por un futuro en el que continuemos aprendiendo y aplicando estas herramientas para un mejor bienestar organizacional y personal.

Daniel: (Sonriendo) ¡Salud a eso y a seguir avanzando!

La comida continuó con una atmósfera de celebración y camaradería mientras compartían sus historias de éxito y aprendizaje.

En estas páginas, hemos recorrido un viaje apasionante a través de las vidas y experiencias de cuatro individuos que personifican los perfiles DISC en su máxima expresión. A través de sus historias, hemos explorado cómo la comprensión de los estilos de conducta y las emociones puede transformar nuestras vidas, tanto a nivel personal como profesional.

Es importante recordar que todos somos una mezcla compleja de estos perfiles. No existe un perfil mejor que otro, y no debemos caer en la trampa de juzgar a los demás basándonos en estereotipos. Cada perfil tiene sus propias fortalezas y debilidades, y todos son valiosos en su propio contexto.

La clave está en el autoconocimiento. Cuanto más comprendamos nuestro propio perfil DISC y nuestras reacciones emocionales, más podremos mejorar nuestras relaciones, tanto en el trabajo como en la vida cotidiana. Al aprender a adaptar nuestra comunicación y comportamiento a los perfiles de los demás, podemos construir puentes de comprensión y empatía.

En este punto, te invito a dar el siguiente paso. Suscríbete a mi newsletter en mi página web www.nathanmanzaneque.com para seguir explorando el fascinante mundo de la inteligencia emocional y los perfiles DISC. Sígueme en LinkedIn para acceder a contenido exclusivo y mantenernos conectados. Y si estás interesado en llevar este conocimiento a tu empresa, comunidad o grupo, considera la posibilidad de contratarme para conferencias y formaciones que pueden marcar la diferencia.

Recuerda que el viaje hacia el bienestar organizacional

y personal nunca termina. Siempre hay oportunidades para aprender, crecer y mejorar nuestras relaciones. A medida que aplicamos estas lecciones en nuestras vidas, contribuimos no solo a nuestro propio bienestar, sino también al de aquellos que nos rodean.

Gracias por acompañarme en este viaje. Te animo a seguir explorando y aplicando estos principios, y a convertirte en un líder de la inteligencia emocional en tu propia vida y en tu entorno. Juntos, podemos construir un mundo más comprensivo, empático y enriquecedor para todos. ¡Hagámoslo realidad!

LIBROS DE ESTE AUTOR

Liderazgo Compasivo: Los 14 Factores Fundamentales Para Liderar Equipos De Éxito

En un mundo en el que se puede invadir un territorio sin más, y aún parece imperar la ley del más fuerte, hay otra manera de liderar con cabeza y con corazón. Y es con inteligencia emocional en pro de un mayor bienestar organizacional.

¿Estás en disposición de reflexionar sobre tu liderazgo e implementar los 14 factores fundamentales para convertirte en el tipo de líder que vale la pena seguir?

Encuentra más de 40 dinámicas para trabajar en tu liderazgo y mejorar tu equipo. Conviértete en el mejor líder que puedes ser, aquel a quien vale la pena seguir; un LÍDER COMPASIVO.

El Líder Delegador: Cómo Delegar De Forma Efectiva

¿Estás listo para convertirte en un líder que inspira, empodera y eleva a su equipo hacia el éxito? "EL LÍDER DELEGADOR: Cómo Delegar De Forma Efectiva" es tu guía definitiva para dominar el arte de la delegación y transformarte en un líder excepcional.

En un mundo empresarial cada vez más retador y complejo, la habilidad de delegar eficazmente se ha convertido en un diferenciador clave entre los líderes ordinarios y los líderes que logran un impacto duradero. Este libro te lleva de la mano a través de un viaje transformador, revelando estrategias probadas, herramientas poderosas y casos reales inspiradores que te ayudarán a:

Descubrir los secretos de la delegación efectiva y cómo puede impulsar el crecimiento de tu equipo y tu organización.

Identificar tus propias fortalezas y debilidades como líder para mejorar tu toma de decisiones en la delegación.

Vencer las resistencias internas y superar las barreras comunes que te impiden delegar con confianza.

Desarrollar habilidades esenciales de comunicación y establecer expectativas claras para un flujo de trabajo sin problemas.

Aplicar un proceso de delegación paso a paso que garantiza resultados positivos y empoderamiento del equipo.

Controlar el progreso sin interferir y utilizar el feedback constructivo para impulsar la mejora continua.

Cultivar un equipo que tome decisiones autónomas y se desarrolle constantemente.

Este libro no solo ofrece consejos teóricos, sino que te sumerge en historias emocionantes de líderes reales que han transformado sus organizaciones a través de la delegación inteligente. Aprenderás de los éxitos y fracasos de aquellos que han recorrido el camino antes que tú.

¡Es hora de liderar con claridad, confianza y visión! Con "EL LÍDER DELEGADOR", estarás equipado con las herramientas y el conocimiento necesarios para llevar a tu equipo y tu empresa hacia un futuro lleno de logros, crecimiento y éxito sostenible.

Si estás listo para desatar tu potencial de liderazgo y llevar a tu equipo a nuevas alturas, ¡no esperes más! ¡Añade "EL LÍDER DELEGADOR: Cómo Delegar De Forma Efectiva" a tu biblioteca y comienza tu viaje hacia un liderazgo excepcional hoy mismo.

Samurai Networker 2ª Edición: Inteligencia Emocional Aplicada A Ventas Y Referral Marketing

⬜ Samurai Networker: Segunda Edición - El Libro Definitivo sobre Inteligencia Emocional en el Referral Marketing y Ventas ⬜

Prólogo de Mark Gibson, Director Nacional de CorporateConnections y Director Nacional de BNI España CNM

¿Estás cansado de estrategias de networking que no dan resultados? ¿Te sientes como un pez fuera del agua en eventos de networking? ¿Quieres aprender a conectar con las personas de una manera más profunda y significativa? Si es así, "Samurai Networker" es el libro que has estado esperando.

¿Por qué este libro es diferente?

Este no es otro libro de ventas o networking lleno de tácticas obsoletas. "Samurai Networker" es una obra maestra que combina la sabiduría ancestral de los samuráis con la inteligencia emocional y la estrategia moderna, aplicadas al mundo del Referral Marketing y las Ventas.

Lo que aprenderás:

☐ Cómo aplicar la inteligencia emocional para construir relaciones comerciales sólidas y duraderas.
☐ Estrategias probadas para maximizar tus oportunidades de networking.
☐ Cómo hacer networking desde el corazón, sin perder de vista tus objetivos comerciales.
☐ Técnicas para convertir contactos en colaboradores y clientes leales.

Prólogo de Mark Gibson

Con el respaldo de Mark Gibson, una autoridad en el mundo del networking y las conexiones corporativas, esta segunda edición de "Samurai Networker" está destinada a convertirse en tu libro de referencia para todo lo relacionado con el networking efectivo y las ventas con corazón.

¿Para quién es este libro?

☐ Empresarios que quieren ampliar su red de contactos.

Vendedores que buscan estrategias más efectivas.

 Cualquiera que quiera entender el poder de la inteligencia emocional en los negocios.

No pierdas más tiempo con tácticas de networking que no funcionan. Hazte con tu copia de "Samurai Networker" hoy mismo y comienza a construir relaciones que no solo te beneficiarán en los negocios, sino que también enriquecerán tu vida.

 ¡Haz clic en "Comprar Ahora" y transforma tu manera de hacer networking y ventas para siempre!

Ia Para Todos: Guía Práctica Sobre Inteligencia Artificial Para Empresarios Y Profesionales

En un mundo impulsado por la tecnología y la innovación, la inteligencia artificial emerge como el catalizador del éxito empresarial y profesional del siglo XXI. En 'IA para todos', Nathan Manzaneque te sumerge en un fascinante viaje hacia el futuro, donde la IA no es solo una herramienta, sino un compañero de confianza en tu camino hacia el éxito.

Este libro no es solo una guía, es una brújula que te orientará en el laberinto de la IA. Desde estrategias prácticas hasta casos de estudio inspiradores, Nathan te mostrará cómo líderes visionarios están utilizando la inteligencia artificial para revolucionar sus empresas y carreras.

¿Te preguntas cómo la IA puede transformar tu negocio? ¿Quieres desbloquear nuevas oportunidades y maximizar tu potencial? Este libro es tu mapa hacia la excelencia. Nathan te guiará a través de estrategias probadas, te inspirará con historias de éxito y te equipará con las herramientas para liderar en un mundo cada vez más digital.

Únete a la revolución de la IA. Convierte la incertidumbre en oportunidad, la duda en confianza y el conocimiento en acción. 'IA para todos' no es solo un libro; es tu socio en el viaje hacia el éxito en la era de la inteligencia artificial. Únete a miles de empresarios y profesionales que ya han transformado sus vidas con esta guía definitiva.

ACERCA DEL AUTOR

Nathan Manzaneque

Nathan Manzaneque es speaker, comercial,formador y escritor.

Puedes contratar a Nathan Manzaneque, autor de Liderazgo Compasivo, El Líder Delegador, Samurai Networker, y de IA Para Todos, como conferenciante para tus eventos de empresa presenciales y online.

Nathan imparte Conferencias Motivacionales de Alto Impacto aplicadas al mundo empresarial, de las ventas, el emprendimiento, o dirigidas a cualquier colectivo que requiera de una gran dosis de autoconocimiento, motivación, y energía.

Su manera de comunicar es natural y fresca, desafiante incluso, y con un fin principal: provocar a su audiencia para que tomen acción masiva.

La conferencia "Las 10 Leyes Inmutables Del Liderazgo Efectivo", con un guiño a las conferencias de John Maxwell, Tonny Robbins, y Daniel Goleman, es la propuesta de Nathan Manzaneque para mostrar un punto de vista diferenciador a profesionales que quieren mejorar su bienestar y el de sus equipos, y aumentar/maximizar sus ventas, poniendo el foco en lo más importante: GOZAR la vida, y encontrar el EQUILIBRIO entre lo personal y lo profesional.

Todo lo que comparte en sus conferencias, son experiencias propias y aprendizajes obtenidos durante sus
26 años como comercial en diferentes sectores, ciudades y épocas de su vida.

Nathan es autor del libro "Samurai Networker", disponible en Amazon, un libro entre los más vendidos de referral marketing e inteligencia emocional aplicada a las ventas.

En su segundo libro "Liderazgo Compasivo"
, también disponible en Amazon, Nathan comparte los principios básicos para ejercer un liderazgo sostenible y que construya equipos de éxito en un contexto intergeneracional muy desafiante.

En su libro "El Líder Delegador", Nathan ayuda a ver cómo implementar procesos de delegación con éxito y ofrece herramientas prácticas para conseguirlo.

Nathan Manzaneque pertenece a la Junta Directiva de EDVE, Escuela de Ventas, la organización número uno del mundo en formación en ventas en español, donde sirve como Europe Area Manager, orientados a dotar de habilidades a los asociados para que puedan aplicarlas en su vida profesional. Además, en la actualidad Nathan es Director Internacional de Expansión en Global Retail Installations & Technology, empresa referente en el sector Visual Communication en más de 30 países.

Contrata a Nathan Manzaneque como speaker y presentador en inglés y español para eventos profesionales de todo tipo así como para acciones de marketing,publicidad y formación en diferentes países.

www.ingramcontent.com/pod-product-compliance
Lightning Source LLC
Chambersburg PA
CBHW072203290526
45794CB00004B/1637